westermann

Markus Heisterkamp, Jens Peters

Mathematik Basislernbaustein

Rheinland-Pfalz

4. Auflage

Bestellnummer 36420

Die in diesem Produkt gemachten Angaben zu Unternehmen (Namen, Internet- und E-Mail-Adressen, Handelsregistereintragungen, Bankverbindungen, Steuer-, Telefon- und Faxnummern und alle weiteren Angaben) sind i. d. R. fiktiv, d. h., sie stehen in keinem Zusammenhang mit einem real existierenden Unternehmen in der dargestellten oder einer ähnlichen Form. Dies gilt auch für alle Kunden, Lieferanten und sonstigen Geschäftspartner der Unternehmen wie z. B. Kreditinstitute, Versicherungsunternehmen und andere Dienstleistungsunternehmen. Ausschließlich zum Zwecke der Authentizität werden die Namen real existierender Unternehmen und z. B. im Fall von Kreditinstituten auch deren IBANs und BICs verwendet.

Die in diesem Werk aufgeführten Internetadressen sind auf dem Stand zum Zeitpunkt der Drucklegung. Die ständige Aktualität der Adressen kann vonseiten des Verlages nicht gewährleistet werden. Darüber hinaus übernimmt der Verlag keine Verantwortung für die Inhalte dieser Seiten.

service@westermann.de
www.westermann.de

Bildungsverlag EINS GmbH
Ettore-Bugatti-Straße 6-14, 51149 Köln

ISBN 978-3-427-**36420**-7

westermann GRUPPE

Vorwort

Der vorliegende Band gehört zur Reihe „Lernbausteine Mathematik“, die für den überarbeiteten Lehrplan in Rheinland-Pfalz konzipiert ist. Dieser Band deckt die Inhalte des Basislernbausteins Mathematik ab und ist damit auf die Berufsfachschule I abgestimmt. Die Lehrplaninhalte wurden hierfür in sechs Kapitel unterteilt. Jedem Kapitel ist eine Einstiegsseite vorangestellt, die einen Überblick sowohl über die Inhalte als auch über die angestrebten Kompetenzen und Lernziele gibt.

Auch methodisch werden die curricularen Vorgaben umgesetzt: Der Einstieg in einen neuen Themenbereich erfolgt mit einer anschaulichen Lernsituation und ihrer ausführlichen Bearbeitung. Anschließend werden die mathematischen Inhalte aufgegriffen und vertieft. Dieses Vorgehen wird sowohl dem Kompetenzgedanken als auch der Fachsystematik gerecht.

In jedes Kapitel ist eine Vielzahl an Aufgaben integriert, die der Einübung und Festigung des Stoffs dienen. Lernsituationsaufgaben mit Lösungen ermöglichen eine selbstständige Erarbeitung oder Wiederholung durch die Lernenden. Komplexere Lernsituationen bieten den Schülerinnen und Schülern[1] die Möglichkeit, die Kompetenzen anzuwenden und zu erweitern. Am Ende eines Kapitels finden Sie eine Zusammenfassung, in der die wichtigsten Inhalte komprimiert dargestellt sind.

Die Verfasser bitten alle Kollegen und Schüler, das Buch zu prüfen und durch Kritik zur weiteren Verbesserung beizutragen.

[1] Die Autoren und der Verlag haben sich im weiteren Verlauf dieses Titels für die Verwendung der männlichen Form entschieden, um die bessere Lesbarkeit der Texte zu gewährleisten. Angesprochen sind selbstverständlich alle Geschlechter.

Inhaltsverzeichnis

1 Elementare Rechenoperationen

In diesem Kapitel wird die Basis für das Rechnen erarbeitet: Dazu gehören zum einen die Zahlen und zum anderen die Verknüpfungen von Zahlen durch Rechenoperationen.

Nach dem Bearbeiten dieses Kapitels sind Sie in der Lage,

- die Zahlenmengen der natürlichen, ganzen, rationalen und reellen Zahlen zu unterscheiden,
- Zahlen ihrer Größe nach zu ordnen,
- die grundlegenden Rechenoperationen durchzuführen,
- mit Klammern umzugehen,
- grundlegende Rechenregeln anzuwenden und
- die Größenordnung von Rechenergebnissen abzuschätzen.

1.1 Zahlenmengen und Zahlendarstellungen

Bereits in der Kindheit können Menschen mithilfe ihrer Finger abzählbare Zustände erfassen. Uneingeschränkt können sie beim Zählen gleiche Dinge dem bereits Vorhandenen hinzufügen. Im Laufe ihrer Entwicklung stellen Kinder fest, dass sie Dinge zurückgeben oder teilen müssen. Dies führt unweigerlich zu einer Erweiterung des intuitiven Zahlenverständnisses.

Im Folgenden werden die Zahlenmengen geeignet definiert und dargestellt.

1.1.1 Die Menge ℕ der natürlichen Zahlen

Beginnt man beim Abzählen beliebiger Gegenstände mit der Zahl 0, so nutzt man dabei bereits die natürlichen Zahlen. Die Zusammenfassung aller natürlichen Zahlen zu einem Ganzen ergibt die Menge ℕ der natürlichen Zahlen; $\mathbb{N} = \{0, 1, 2, 3, ...\}$. Die Menge der natürlichen Zahlen ohne die Null bezeichnet man mit $\mathbb{N}^*$.

Definition

$\mathbb{N} = \{0, 1, 2, 3, ...\}$ Menge der natürlichen Zahlen

$\mathbb{N}^* = \{1, 2, 3, ...\}$ Menge der natürlichen Zahlen ohne Null

Ist eine Zahl *a* in der Menge der natürlichen Zahlen enthalten, so ist sie Element dieser Menge.

Man schreibt: $a \in \mathbb{N}$

Ist eine Zahl nicht in der Menge enthalten, so ist sie kein Element dieser Menge.

Beispielsweise ist die Zahl 0 kein Element von $\mathbb{N}^*$.

Man schreibt: $0 \notin \mathbb{N}^*$

Jede natürliche Zahl kann auf dem Zahlenstrahl dargestellt werden. Der Zahlenstrahl ist eine Halbgerade[1], auf der dieselbe Strecke nacheinander beliebig oft nach rechts abgetragen wird. Die Markierungen werden mit 0, 1, 2, 3 usw. bezeichnet.

Der Punkt auf dem Zahlenstrahl, zu dem eine bestimmte Zahl gehört, heißt **Bildpunkt** der Zahl. Eine Zahl lässt sich auch durch einen **Bildpfeil** darstellen, der die Entfernung der Zahl vom Nullpunkt angibt.

[1] Eine Halbgerade ist eine gerade Linie, die an einer Seite begrenzt ist. Sie hat einen Anfangspunkt, aber keinen Endpunkt.

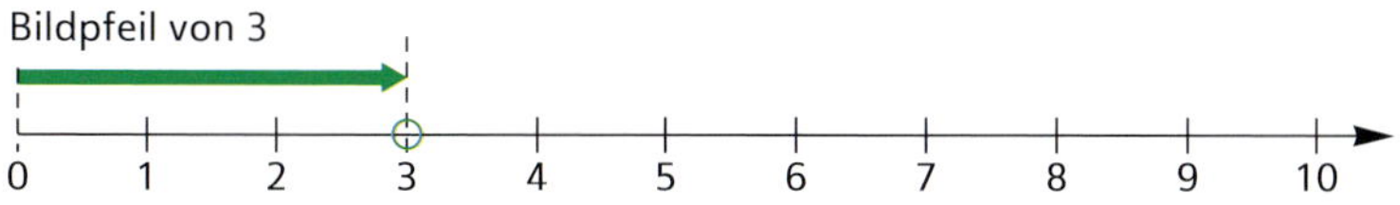

Eine Zahl b ist größer als eine Zahl a, wenn der Bildpunkt von b auf dem Zahlenstrahl rechts vom Bildpunkt von a liegt. In der Abbildung ist $a = 2$ und $b = 4$, also ist b größer als a. Man schreibt dann $a < b$ („a ist kleiner als b“) oder $b > a$ („b ist größer als a“).

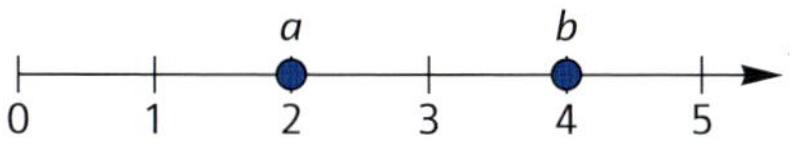

Merke

Die Symbole „<“ oder „>“ sind **Relationszeichen**. Die Spitze des Relationszeichens zeigt immer zum kleineren Wert.

AUFGABEN

1. Setzen Sie zwischen die Zahlen aus ℕ das Zeichen < oder >.

a) 0 und 1 b) 1 und 0 c) 767 und 776 d) 4473 und 4437

2. Ordnen Sie mithilfe des Zeichens < die Zahlen aus ℕ der Größe nach.

a) 172; 138; 113; 183; 131; 127
b) 787; 823; 778; 877; 832; 777
c) 1170; 1701; 1017; 1171; 1071; 1007

3. Der Chef eines Kleinunternehmens hat seine Mitarbeiterinnen und Mitarbeiter befragt, wie lang ihr täglicher Weg zur Arbeit sei. Ordnen Sie die Namen der Mitarbeiter nach der Länge der Wegstrecken an. Beginnen Sie mit der kleinsten Strecke.

Name	Entfernung
Klaus Bitz	17 km
Shirin Durmaz	3 km
Henning Haber	12 km
Lasse Herrmann	8 km
Torsten Jacob	2 km
Mesut Kortmez	9 km
Helga Meier	22 km

4. Prüfen Sie, welche der folgenden Zahlen Elemente der Menge $\mathbb{N}^*$ sind. Verwenden Sie dazu die übliche Schreibweise (z. B. $3 \in \mathbb{N}^*$ oder $-10 \notin \mathbb{N}^*$).

$2; -3; 0; 4{,}2; -1; 7; 0{,}5; 1; -7; \frac{1}{2}; 10$

5. Beurteilen Sie die folgenden Aussagen. Geben Sie ggf. ein Gegenbeispiel an.

a) „Wenn man zwei natürliche Zahlen addiert (+), erhält man immer eine natürliche Zahl."
b) „Wenn man zwei natürliche Zahlen subtrahiert (–), erhält man immer eine natürliche Zahl."
c) „Wenn man zwei natürliche Zahlen multipliziert (·), erhält man immer eine natürliche Zahl."
d) „Wenn man zwei natürliche Zahlen dividiert (:), erhält man immer eine natürliche Zahl."

1.1.2 Die Menge $\mathbb{Z}$ der ganzen Zahlen

Zählt man zu einer natürlichen Zahl eine natürliche Zahl hinzu, ist das Ergebnis auch eine natürliche Zahl. Aber was ist, wenn eine natürliche Zahl von einer anderen abgezogen wird?

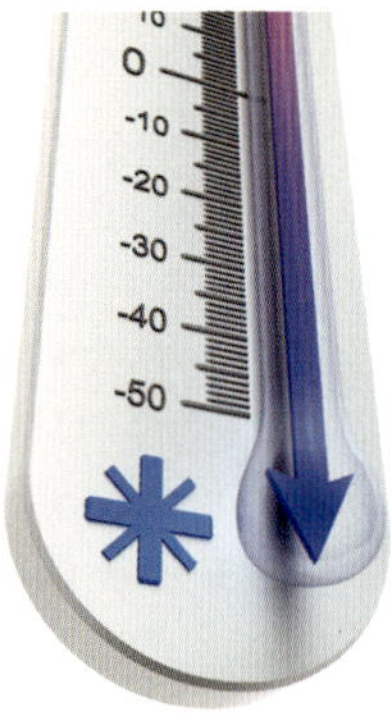

Die Aufgabe $3 - 5 = -2$ ist ein Beispiel dafür, dass das Ergebnis einer solchen Minusaufgabe nicht Element der Menge der natürlichen Zahlen sein muss.

Um Minusaufgaben wie $3 - 5 = -2$ lösen zu können, werden die negativen Zahlen eingeführt. Zur Veranschaulichung wird der Zahlenstrahl wie bei einem Thermometer über 0 hinaus nach links verlängert und die Zahlen $-1, -2, -3, \ldots$ daruntergeschrieben. Aus dem Zahlenstrahl entsteht die **Zahlengerade**. Die nach links abgetragenen Zahlen erhalten ein Minuszeichen, die nach rechts abgetragenen kann man zur deutlichen Unterscheidung mit einem Pluszeichen versehen. Plus (+) und Minus (–) sind in diesem Fall **Vorzeichen**, keine Rechenzeichen. Die Abstände zwischen aufeinander folgenden Zahlen sind gleich.

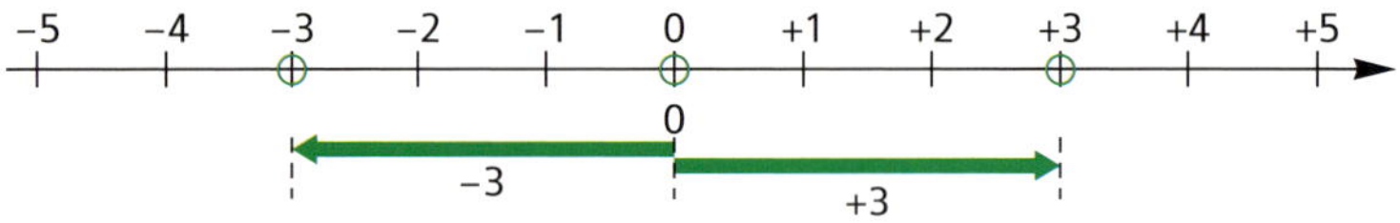

Die Zahlengerade

Der Bildpfeil einer negativen Zahl zeigt nach links, der einer positiven Zahl nach rechts. Auch in der Menge $\mathbb{Z}$ gilt: Eine Zahl b ist größer als eine Zahl a, wenn der Bildpunkt von b auf der Zahlengeraden rechts vom Bildpunkt der Zahl a liegt.
Die Zahlen $\ldots, -3, -2, -1, 0, 1, 2, 3, \ldots$ bilden die unendliche **Menge $\mathbb{Z}$ der ganzen Zahlen**.

Definition

$\mathbb{Z} = \{..., -3, -2, -1, 0, 1, 2, 3, ...\}$ Menge der ganzen Zahlen

$\mathbb{Z}^* = \{..., -3, -2, -1, 1, 2, 3, ...\}$ Menge der ganzen Zahlen ohne Null

Man erkennt, dass jede natürliche Zahl auch eine ganze Zahl ist. Die Menge der natürlichen Zahlen $\mathbb{N}$ ist vollständig in der Menge der ganzen Zahlen $\mathbb{Z}$ enthalten. Man sagt: „$\mathbb{N}$ ist eine **Teilmenge** von $\mathbb{Z}$" und schreibt: $\mathbb{N} \subset \mathbb{Z}$.

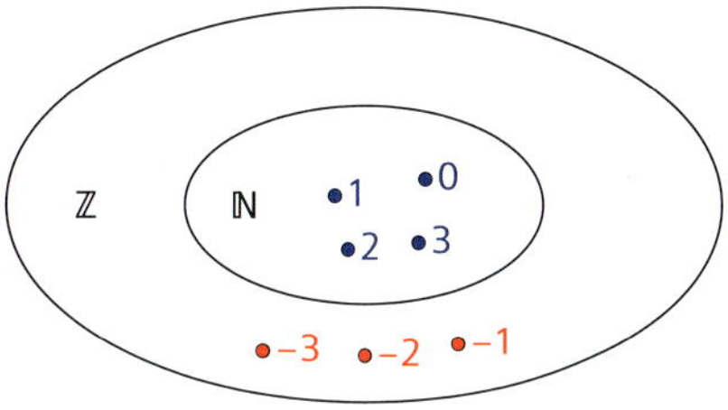

AUFGABEN

1. Setzen Sie zwischen die Zahlen aus $\mathbb{Z}$ das Zeichen < oder >.

a) 0 und 4 b) 0 und −7 c) −4 und −9 d) −8 und −3

2. Ordnen Sie mithilfe des Zeichens < die Zahlen aus $\mathbb{Z}$ der Größe nach.

a) 23; −17; 14; −23; −14; 11; −9
b) −87; 0; 112; −104; 63; −45; −78

3. Schreiben Sie die Mengen in aufzählender Form, $x \in \mathbb{Z}$

a) $A = \{x \mid x < -7\}$ b) $B = \{x \mid x \geqq -7\}$ c) $C = \{x \mid x \leqq -1\}$
d) $D = \{x \mid -4 < x < 4\}$ e) $E = \{x \mid -2 \leqq x \leqq 2\}$ f) $F = \{x \mid -5 \leqq x < 0\}$

4. Die Zugspitze ist mit 2962 m der höchste Berg Deutschlands. In der Tabelle finden Sie zu einigen Monaten die durchschnittlichen Temperaturen auf der Zugspitze. Ordnen Sie die Monate nach der Durchschnittstemperatur – beginnend mit der niedrigsten.

Monat	Temperatur in °C
Januar	−11
März	−10
Mai	−3
Juli	2
September	0
November	−7

5. Prüfen Sie, welche der folgenden Zahlen Elemente der Menge $\mathbb{Z}$ sind und welche nicht. Verwenden Sie dazu die übliche Schreibweise (z. B. $-3 \in \mathbb{Z}$ oder $0{,}5 \notin \mathbb{Z}$).

2; −3; 0; 4,2; −1; 7; 0,5; 1; −7; $\frac{1}{2}$; 10

6. Beurteilen Sie die folgenden Aussagen. Geben Sie ggf. ein Gegenbeispiel an.

a) „Wenn man zwei ganze Zahlen addiert (+), erhält man immer eine ganze Zahl."
b) „Wenn man zwei ganze Zahlen subtrahiert (–), erhält man immer eine ganze Zahl."
c) „Wenn man zwei ganze Zahlen multipliziert (·), erhält man immer eine ganze Zahl."
d) „Wenn man zwei ganze Zahlen dividiert (:), erhält man immer eine ganze Zahl."

1.1.3 Die Menge ℚ der rationalen Zahlen

Während die Operationen Addition, Subtraktion und Multiplikation beim Rechnen mit ganzen Zahlen immer eine ganze Zahl ergeben, sind einige Divisionsaufgaben in der Menge der ganzen Zahlen nicht lösbar. So hat zum Beispiel die Aufgabe „6 : 5 = 1,2" in der Menge der ganzen Zahlen kein Ergebnis. Eine solche Rechnung führt zur Menge der rationalen Zahlen, die alle Bruchzahlen umfasst. Eine ausführliche Behandlung der Bruchrechnung finden Sie in Kapitel 2.

Sollen etwa sechs Stücke Pizza gleichmäßig auf fünf Personen verteilt werden, so bleibt ein Stück übrig, wenn jeder zunächst ein Pizzastück nimmt. Dieses letzte Stück muss dann durch fünf geteilt werden, sodass jeder noch einen von fünf Teilen (ein Fünftel) des Stücks bekommt.

Auch Bruchzahlen können durch ihre Bildpunkte auf der Zahlengeraden dargestellt werden.

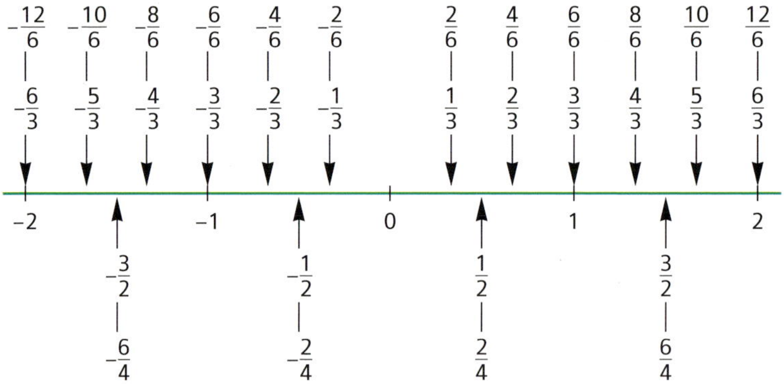

Beachte: Zwei verschiedene Bruchzahlen, zum Beispiel $\frac{1}{2}$ und $\frac{2}{4}$, können denselben Bildpunkt haben.

Betrachtet man die Uhrzeit, so ist eine $\frac{1}{2}$ Stunde genauso lang wie zweimal eine Viertelstunde, was $\frac{2}{4}$ entspricht. Die Bruchzahlen haben denselben Wert. Innerhalb einer Menge werden sie als gleich betrachtet.

Die Menge $\mathbb{Z}$ der ganzen Zahlen und die Menge der Bruchzahlen bilden zusammen die unendliche Menge $\mathbb{Q}$ der rationalen Zahlen[1].

Definition

$\mathbb{Q} = \left\{x \mid x = \frac{p}{q}, p \in \mathbb{Z}, q \in \mathbb{Z}^*\right\}$ Menge der rationalen Zahlen

Jede ganze Zahl kann man als Bruch schreiben, zum Beispiel $2 = \frac{2}{1}$. Daher ist die Menge $\mathbb{Z}$ der ganzen Zahlen in der Menge der rationalen Zahlen $\mathbb{Q}$ enthalten. Man sagt: $\mathbb{Z}$ ist eine Teilmenge von $\mathbb{Q}$ und schreibt $\mathbb{Z} \subset \mathbb{Q}$. Zusammen mit der zuvor festgestellten Beziehung $\mathbb{N} \subset \mathbb{Z}$ ergibt sich $\mathbb{N} \subset \mathbb{Z} \subset \mathbb{Q}$. Diese Teilmengenbeziehungen lassen sich als Mengendiagramm anschaulich darstellen.

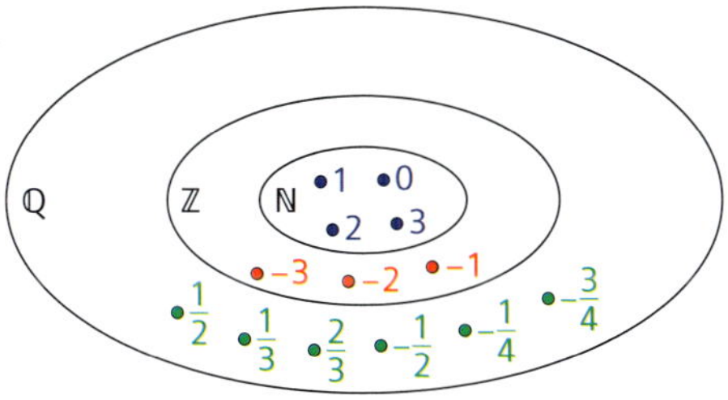

Man sieht: Jede natürliche Zahl, wie die 2, liegt sowohl in $\mathbb{N}$ als auch in $\mathbb{Z}$ und in $\mathbb{Q}$. Eine negative ganze Zahl wie die -2 liegt in $\mathbb{Z}$ und $\mathbb{Q}$, aber nicht in $\mathbb{N}$.

AUFGABEN

1. Setzen Sie zwischen die nachstehenden Zahlen aus $\mathbb{Q}$ das Zeichen $<$ oder $>$.

a) $\frac{3}{7}$ und $\frac{4}{7}$ b) $-\frac{3}{5}$ und $-\frac{4}{5}$ c) $-\frac{1}{6}$ und 0 d) $\frac{1}{6}$ und 0

e) $\frac{2}{3}$ und $\frac{3}{4}$ f) $-\frac{2}{3}$ und $-\frac{3}{4}$ g) $\frac{5}{6}$ und $\frac{4}{5}$ h) $\frac{5}{6}$ und $-\frac{6}{7}$

2. Setzen Sie zwischen die nachstehenden Zahlen aus $\mathbb{Q}$ das Zeichen $<$ oder $>$.

a) $-\frac{5}{8}$ und $-\frac{7}{8}$ b) $-\frac{2}{7}$ und 0 c) $\frac{2}{7}$ und 0 d) $\frac{1}{9}$ und $\frac{1}{10}$

e) $-\frac{1}{8}$ und $-\frac{1}{7}$ f) $\frac{3}{10}$ und $\frac{3}{11}$ g) $-\frac{4}{5}$ und $-\frac{4}{7}$ h) $\frac{5}{7}$ und $\frac{5}{6}$

3. Stellen Sie die folgenden Zahlen auf der Zahlengeraden dar.

a) $-\frac{5}{6}; \frac{2}{3}; -\frac{4}{3}; \frac{5}{6}; \frac{4}{3}; -\frac{2}{3}; \frac{7}{6}; -\frac{7}{6}$

b) $-\frac{3}{4}; \frac{2}{5}; \frac{3}{4}; -\frac{3}{5}; \frac{1}{4}; -\frac{4}{5}; \frac{3}{5}; -\frac{2}{5}$

[1] $\mathbb{Q}$ soll an das Wort „Quotient“ erinnern.

4. Ordnen Sie mithilfe des Zeichens < die Zahlen aus $\mathbb{Q}$ der Größe nach.

a) $-\frac{3}{5}; \frac{1}{10}; -\frac{1}{2}; 0; \frac{9}{10}; -\frac{7}{10}; -\frac{1}{5}; \frac{4}{5}$

b) $-\frac{1}{3}; -\frac{11}{12}; -\frac{2}{3}; \frac{1}{2}; -\frac{7}{12}; \frac{5}{12}; -\frac{5}{6}; -\frac{5}{6}; \frac{1}{3}$

5. Eine Taxifahrerin hat an jedem Tag der Woche ihren Wagen mit Autogas betankt. Die Mengen und Geldbeträge sind in der Tabelle zusammengestellt.

Tag	Menge in Litern	Betrag in €
Montag	55,1	30,80
Dienstag	60,0	38,34
Mittwoch	58,7	35,75
Donnerstag	57,8	34,62
Freitag	48,5	27,60

a) Ordnen Sie die Tage nach der getankten Menge.
b) Ordnen Sie die Tage nach dem gezahlten Betrag.
c) Ordnen Sie die Tage nach dem Preis pro Liter.

6. Prüfen Sie, welche der folgenden Zahlen Elemente der Menge $\mathbb{Q}$ sind und welche nicht. Verwenden Sie dazu die übliche Schreibweise (z. B. $-3{,}2 \in \mathbb{Q}$ oder $\sqrt{3} \notin \mathbb{Q}$).

$2; 2 \cdot \pi; 0; 4{,}2; -1; \frac{-1}{3}; 1; \frac{7}{-10}; \frac{1}{2}; \sqrt{5}$

7. Beurteilen Sie die folgenden Aussagen. Geben Sie ggf. ein Gegenbeispiel an.

a) „Wenn man zwei rationale Zahlen addiert (+), erhält man immer eine rationale Zahl."
b) „Wenn man zwei rationale Zahlen subtrahiert (−), erhält man immer eine rationale Zahl."
c) „Wenn man zwei rationale Zahlen multipliziert (·), erhält man immer eine rationale Zahl."
d) „Wenn man zwei rationale Zahlen dividiert (:), erhält man immer eine rationale Zahl."

1.1.4 Die Menge $\mathbb{R}$ der reellen Zahlen

Alle grundlegenden Rechenoperationen (Addition, Subtraktion, Multiplikation und Division) können in der Menge der rationalen Zahlen durchgeführt werden. Es gibt jedoch Zahlen, die nicht als Brüche dargestellt werden können, die also nicht zur Menge der rationalen Zahlen gehören. Eine wichtige nicht-rationale Zahl ist die Kreiszahl $\pi \approx 3{,}14159265...$, die das Verhältnis von Durchmesser zu Umfang eines Kreises angibt. Weitere nicht-rationale Zahlen entstehen beim Wurzelziehen, wenn der Radikand (die

Zahl unter der Wurzel) keine Quadratzahl ist. So sind zum Beispiel $\sqrt{2}$, $\sqrt{3}$ oder $\sqrt{10}$ nicht als Bruch zweier rationaler Zahlen darstellbar. Man spricht dann von **irrationalen Zahlen**.

Definition

Irrationale Zahlen sind Dezimalzahlen, die sich nicht als Brüche aus ganzzahligen Zählern und Nennern darstellen lassen. Die Zahlenmenge, die neben den rationalen Zahlen auch die irrationalen Zahlen umfasst, heißt Menge der **reellen Zahlen** und wird mit $\mathbb{R}$ bezeichnet.

Auch reelle Zahlen können auf der Zahlengeraden dargestellt werden. Sie treten beim Lösen von quadratischen Gleichungen oder in der Geometrie auf (vgl. Kapitel 5 und 6).

Jede rationale Zahl ist auch eine reelle Zahl. Die Menge $\mathbb{Q}$ der rationalen Zahlen ist in der Menge $\mathbb{R}$ der reellen Zahlen enthalten, man schreibt: $\mathbb{Q} \subset \mathbb{R}$ und sagt: „$\mathbb{Q}$ ist eine Teilmenge von $\mathbb{R}$“. Zusammen mit den oben festgestellten Beziehungen $\mathbb{N} \subset \mathbb{Z} \subset \mathbb{Q}$ ergibt sich: $\mathbb{N} \subset \mathbb{Z} \subset \mathbb{Q} \subset \mathbb{R}$.

Jede Zahlenmenge ist in der nächstgrößeren vollkommen enthalten. Im Mengendiagramm ist diese Beziehung veranschaulicht. Die natürlichen Zahlen sind ein Teil der ganzen Zahlen, diese liegen vollständig in den rationalen Zahlen, die wiederum in den reellen Zahlen enthalten sind.

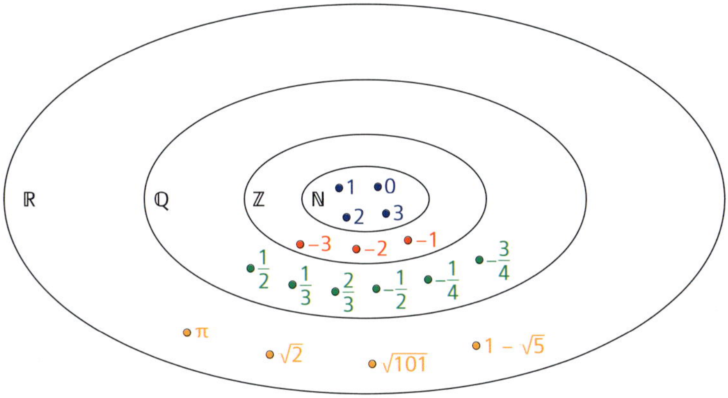

AUFGABEN

1. Setzen Sie zwischen die folgenden Zahlen aus $\mathbb{R}$ jeweils das Zeichen < oder >.

a) $3{,}14$ und π

b) π und $\sqrt{10}$

c) $-3{,}14$ und $-\pi$

d) $1 + \sqrt{2}$ und π

e) $\sqrt{5}$ und $1 + \sqrt{3}$

f) $\sqrt{10}$ und $1 + \sqrt{2}$

g) $4 - \sqrt{5}$ und $\sqrt{3}$

h) $\sqrt{11}$ und $2 + \sqrt{2}$

2. Ordnen Sie mithilfe des Zeichens < die folgenden reellen Zahlen der Größe nach.

a) $\sqrt{11}$; π; $\sqrt{7}$; $1 - \sqrt{15}$; $-\pi$; $-\sqrt{10}$; $1 + \sqrt{5}$; $1 + \sqrt{7}$

b) $-\sqrt{12}$; $\sqrt{3} - \sqrt{2}$; $\sqrt{7}$; $-2 + \sqrt{15}$; $\sqrt{2} - \sqrt{5}$; $10 - \sqrt{10}$; $1 + \sqrt{10}$; $\sqrt{7} - 7$

1.1.5 Betrag einer Zahl

Aus Kapitel 1.1.1 ist bekannt, dass Bildpfeile die Entfernung einer Zahl vom Nullpunkt angeben.

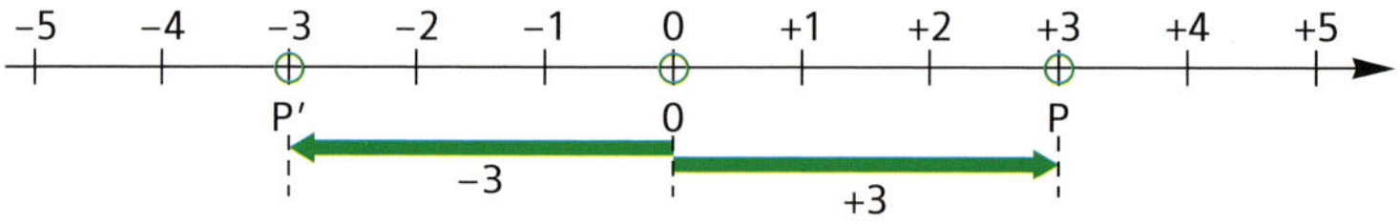

Der Bildpfeil einer negativen Zahl zeigt nach links, der einer positiven Zahl nach rechts. Die Bildpunkte *P'* und *P* der Zahlen −3 und +3 liegen symmetrisch zu 0. Zwei Zahlen, die an der Zahlengeraden punktsymmetrisch zu 0 liegen, die sich also nur im Vorzeichen unterscheiden, heißen entgegengesetzte Zahlen oder *Gegenzahlen*: −3 und +3; −5 und +5. Die Zahl 0 fällt mit ihrer Gegenzahl zusammen.

Wird a als Platzhalter für eine beliebige ganze Zahl eingesetzt, so wird die Gegenzahl von a mit $-a$ bezeichnet. Ist zum Beispiel $a = +3$, so ist $-a = -3$. Ist dagegen $a = -3$, so ist $-a = -(-3)$. Es ist aber bekannt, dass −3 die Gegenzahl +3 hat.

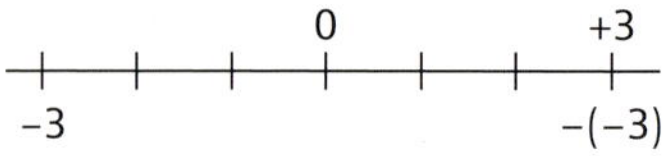

$-(-3) = +3$

Definition

Zahlen, die sich nur im Vorzeichen unterscheiden, heißen Gegenzahlen: +3 und −3.

Die Gegenzahl zu −3 ist +3 oder $-(-3)$; $-(-3) = +3$.

Wird bei einer ganzen Zahl nur die Länge ihres Bildpfeils berücksichtigt, so spricht man von dem **Betrag** der Zahl. Der Betrag der Zahl a wird mit $|a|$ bezeichnet und „Betrag von a“ gelesen.

$|a|$ ist niemals negativ. Es ist demnach
$|a| = a$ bei $a > 0$; $|+5| = 5$
$|a| = -a$ bei $a < 0$; $|-5| = -(-5) = 5$
$|a| = 0$ bei $a = 0$; $|0| = 0$

Definition

$|a|$ ist diejenige der beiden Zahlen a und $-a$, die nicht negativ ist ($a \in \mathbb{Z}^*$).

$|+3| = 3$; $|-3| = 3$

AUFGABEN

Folgend gilt: $a, b, x, y \in \mathbb{N}^*$

1. Geben Sie zu den folgenden Zahlen jeweils die Gegenzahl an.

$+9; -7; +16; -19; 0; +a; -b; +x; -y$

2. Bestimmen Sie $|+8|; |-8|; |+15|; |-15|; |+21|; |-24|; |0|; |+x|; |-x|$.

1.2 Addition und Subtraktion

In der Aufgabe 4 + 3 = 7 heißen die Zahlen 4 und 3 **Summanden**, der Ausdruck (4 + 3) die **unausgerechnete Summe** und die Zahl 7 die **ausgerechnete Summe**. Entsprechend wird ein Ausdruck $(a + b)$ als (unausgerechnete) Summe bezeichnet.

Man addiert zwei Zahlen, indem man ihre Bildpfeile auf dem Zahlenstrahl aneinandersetzt und dann den Bildpunkt der Summe abliest.

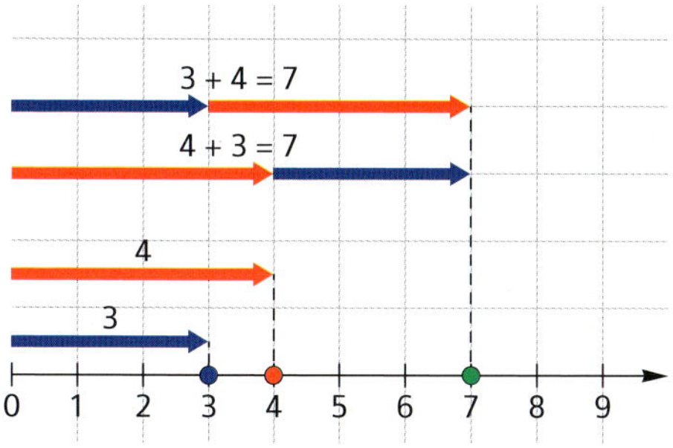

Aus der Abbildung wird auch deutlich, dass die Summe 3 + 4 und die Summe 4 + 3 denselben Wert haben, nämlich 7. Dies bezeichnet man als Kommutativgesetz (Vertauschungsgesetz) der Addition.

Merke

Kommutativgesetz (für die Addition)

Für beliebige Werte $a, b \in \mathbb{R}$ gilt: $a + b = b + a$

Bei der Subtraktion setzt man den Bildpfeil der abzuziehenden Zahl (des Subtrahenden) *in umgekehrter Richtung* an den Bildpfeil der zu vermindernden Zahl (des Minuenden). Für die Rechnung 5 – 2 geht man zunächst um fünf Einheiten nach rechts und dann zwei Einheiten nach links. Bei 2 – 5 geht man entsprechend von der 2 um 5 Einheiten nach links.

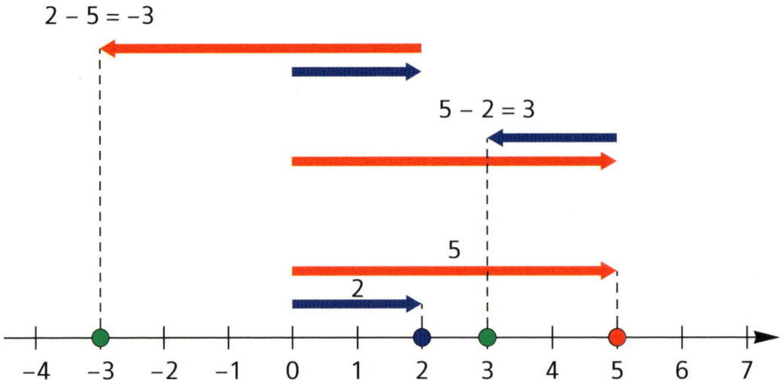

Man erkennt, dass die Ergebnisse von 5 – 2 und 2 – 5 verschieden sind. Das Vertauschen von Minuend und Subtrahend führt also zu unterschiedlichen Resultaten, das Kommutativgesetz gilt bei der Subtraktion nicht.

Merke

4	+	3	=	7
Summand	plus	Summand	gleich	Summe
5	–	2	=	3
Minuend	minus	Subtrahend	gleich	Differenz

Besteht ein Subtrahend aus einer Summe, müssen Klammern gesetzt werden. Die Regeln zum Umgang mit Klammerausdrücken sind im Merksatz zusammengefasst und werden im Folgenden angewendet.

Merke

Klammersetzung

Steht ein Teil eines mathematischen Ausdrucks (= **Term**) in Klammern, so hat dieser bei der Berechnung Vorrang vor den anderen Termen!

Kommen Klammern in Klammern vor, werden zuerst die inneren Klammern, dann die äußeren aufgelöst.

Beispiel 1: $+(-3)$ bedeutet, dass eine negative Zahl addiert wird.

Beispiel 2: $-(+4)$ bedeutet, dass eine positive Zahl subtrahiert wird.

Beispiel 3: Beim Term $3 - (4 - 2)$ muss zunächst der Klammerausdruck $(4 - 2) = 2$ berechnet werden. Das Ergebnis wird anschließend verwendet: $3 - (4 - 2) = 3 - 2 = 1$.

Beispiel 4: Bei dem Term $20 - [10 - (4 + 5)]$ werden zuerst die runden Klammern aufgelöst: $20 - [10 - (9)] = 20 - [10 - 9]$. Danach folgen die eckigen Klammern: $20 - [10 - 9] = 20 - [1] = 20 - 1 = 19$.

Sind Klammerausdrücke aufzulösen, werden Rechenregeln benötigt, die den Vorrang des Klammerinneren berücksichtigen. Für die Multiplikation wird in Kapitel 1.4.1 dazu das Distributivgesetz erklärt, die Besonderheiten für die Addition und Subtraktion werden im Folgenden erläutert.

Lernsituation: Addition und Subtraktion

Der Vorstand eines Konzerns der Bekleidungsindustrie möchte mithilfe von Testkäufen seinen Onlineservice für den Kunden verbessern. Die zum Konzern gehörenden Gesellschaften sollen einheitlich, effizient und kostensparend vorgehen. Ein mit den Testkäufen beauftragtes Unternehmen kauft daraufhin online bei zwei Anbietern ein, die jeweils zur Muttergesellschaft gehören. Folgende zwei Rechnungen werden für den Kunden ausgestellt:

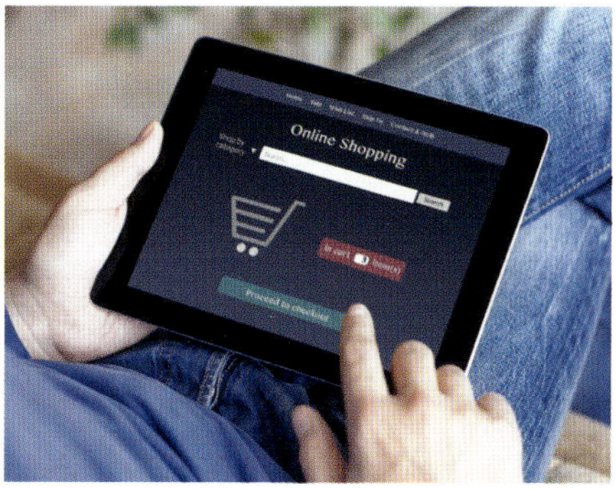

Wir bedanken uns für Ihren Auftrag und stellen Ihnen folgende Positionen in Rechnung:

RECHNUNG *Chic & Co.*

Rechnungsadresse:
Max Tester
Ringstraße 5
99999 Musterhausen

Kundendaten:
Rechnungs-Nr.: ER 011513
Auftrags-Nr.: A123456
Kunden-Nr.: A260676
Datum: 19.04.2018

Anzahl	Einheit	Bezeichnung	Einzelpreis	Gesamtpreis
2	Stck.	Funktionsjacke Sail	120€	240€
1	Stck.	Regenhose Raindrop	98€	98€
1	Stck.	Gummistiefel Frisia	39€	39€
Zwischensumme				377€
– Rabatt				17€
Gesamtbetrag				**360€**

Der Rechnungsbetrag enthält 19 % MwSt. = 57,48 €

Wir bedanken uns für Ihren Auftrag und stellen Ihnen folgende Positionen in Rechnung:

RECHNUNG *Sail Away*

Rechnungsadresse:	**Kundendaten:**	
Max Tester	Rechnungs-Nr.:	ER 01512
Ringstraße 5	Auftrags-Nr.:	A124116
99999 Musterhausen	Kunden-Nr.:	A050781
	Datum:	19.04.2018

Anzahl	Einheit	Bezeichnung	Einzelpreis	Gesamtpreis
2	Stck.	Funktionsjacke Sail	121,00 €	242,00 €
1	Stck.	Regenhose Raindrop	98,06 €	98,06 €
1	Stck.	Gummistiefel Frisia	40,20 €	40,20 €
Zwischensumme				380,26 €
Rabatt				−17,00 €
Gesamtbetrag				**363,26 €**

Der Rechnungsbetrag enthält 19 % MwSt. = 58,00 €

a) Beschreiben Sie zwei Unterschiede in den Darstellungen der beiden Rechnungen.

b) Überlegen Sie, welche Werte der unteren Tabelle zu welcher Zahlenmenge gehören. Beschreiben Sie die Mengenzugehörigkeit mit „∈“, ansonsten mit „∉“.

	natürliche Zahlen ℕ	ganze Zahlen ℤ	rationale Zahlen ℚ	reelle Zahlen ℝ
Chic & Co.				
Gesamtpreis Funktionsjacke Sail	∈			
Einzelpreis Regenhose Raindrop				
Rabatt				
MwSt.-Anteil				

Sail Away				
Gesamtpreis Funktionsjacke Sail				
Einzelpreis Regenhose Raindrop				
Rabatt				
MwSt.-Anteil				

c) Die Konzernleitung möchte den Rabatt reduzieren bzw. durch andere Aktionen austauschen. Berechnen Sie den Rechnungsbetrag für beide Fälle neu, wenn beide Anbieter nur noch 10,00 € Nachlass gewähren.

d) Bei der Gesellschaft Sail Away sollen in allen Rechnungen jeweils Gummistiefel vor Jacken und Jacken vor Hosen aufgeführt werden. In der abgebildeten Rechnung ist diese Reihenfolge nicht eingehalten worden. Beschreiben Sie, ob die Missachtung der Reihenfolge Auswirkungen auf den Rechnungsbetrag hat.

Lösungen

a) Es gibt zwei Unterschiede in den Darstellungen der beiden Rechnungen:

	Chic & Co.	*Sail Away*
Preis Funktionsjacke Sail	Darstellung ohne Nachkommastelle	Darstellung mit zwei Nachkommastellen
Rabatt	Der positive Rabatt wird von dem Gesamtpreis abgezogen (–). Der Wert des Rabatts ist positiv; die Rechenoperation ist eine Subtraktion!	Der Rabatt wird zusätzlich gewährt und der Rechnung hinzugefügt (+). Der Rabatt selbst ist ein negativer Wert. Der Wert des Rabatts wird hier als negativ angenommen; die Rechenoperation ist eine Addition!

b)

	natürliche Zahlen $\mathbb{N}$	ganze Zahlen $\mathbb{Z}$	rationale Zahlen $\mathbb{Q}$	reelle Zahlen $\mathbb{R}$
Chic & Co.				
Gesamtpreis Funktionsjacke Sail	$\in$	$\in$	$\in$	$\in$
Einzelpreis Regenhose Raindrop	$\in$	$\in$	$\in$	$\in$
Rabatt	$\in$	$\in$	$\in$	$\in$
MwSt.-Anteil	$\notin$	$\notin$	$\in$	$\in$

Sail Away				
Gesamtpreis Funktionsjacke Sail	$\in$	$\in$	$\in$	$\in$
Einzelpreis Regenhose Raindrop	$\notin$	$\notin$	$\in$	$\in$
Rabatt	$\notin$	$\in$	$\in$	$\in$
MwSt.-Anteil	$\in$	$\in$	$\in$	$\in$

c) Wenn ein Nachlass von 10,00 € gewährt wird, ergibt sich für Chic & Co. folgende Rechnung:

Gesamtbetrag = Zwischensumme – (+ Rabatt) = 377,00 € – (+10,00 €)
= 377,00 € – 10,00 € = 367,00 €

Der Gesamtbetrag ist bei Chic & Co. 367,00 €.

Der Gesamtbetrag bei Sail Away setzt sich wie folgt zusammen:

Gesamtbetrag = Zwischensumme + (– Rabatt) = 380,26 € + (–10,00 €)
= 380,26 € – 10,00 € = 370,26 €

d) Die Missachtung der Reihenfolge führt zu keinen Konsequenzen beim Rechnungsbetrag. Es ist rechnerisch egal, ob eine Jacke zuerst oder zum Schluss angerechnet wird. Selbst für den Fall, eine Jacke würde nachbestellt werden, ist der gesamte Rechnungsbetrag der gleiche, als würde die Jacke beim ersten Bestellvorgang berücksichtigt werden.

In der Lösung zur Teilaufgabe c) der Lernsituation treffen die Rechenoperationen Addition und Subtraktion auf Zahlen mit unterschiedlichen Vorzeichen. Wird ein positiver Rabatt abgezogen, ist das Ergebnis schnell nachvollziehbar: Die Subtraktion zusammen mit dem positiven Wert bewirkt eine Subtraktion. Das Ergebnis der Gleichung muss laut Teilaufgabe c) aber auch mit dem Fall übereinstimmen, wenn eine negative Zahl addiert wird. Dazu gilt folgender Merksatz:

Merke

Für beliebige Werte $a, b \in \mathbb{R}$ gilt: $a + (-b) = a - (+b) = a - b$

Zudem gilt: $a - (-b) = a + (+b) = a + b$

Die einfachen Überlegungen aus Teilaufgabe d) der Lernsituation sind mathematisch im Kommutativgesetz und im Assoziativgesetz begründet. Das Assoziativgesetz führt eine „nachträgliche“ Addition, wie den Rechnungsbetrag einer Jacke, zum gleichen Ergebnis wie bei einer sofortigen Addition.

Merke

Assoziativgesetz (für die Addition)

Für beliebige Werte $a, b, c \in \mathbb{R}$ gilt: $(a + b) + c = a + (b + c) = a + b + c$

Steht vor einer Klammer ein Minuszeichen (Minusklammer), so ändern sich beim Auflösen der Klammer alle Vorzeichen, die in der Klammer stehen.

Merke

Für beliebige Werte $a, b, c \in \mathbb{R}$ gilt: $a - (b + c) = a - b - c$

Wird ein Klammerausdruck subtrahiert, so ändern sich alle Vorzeichen innerhalb der Klammern!

AUFGABEN

Berechnen Sie jeweils die Differenzen.

1. a) $(+7) - (+5)$; $(+8) - (-3)$; $(-4) - (+3)$; $(-1) - (-6)$; $(-5) - (0)$
b) $(+4) - (-4)$; $(-7) - (-7)$; $(-3) - (+3)$; $(+8) - (+8)$; $(+6) - (0)$
c) $(+17) - (-18)$; $(-13) - (+14)$; $(+23) - (+19)$; $(-26) - (-15)$; $(-12) - (0)$

2. a) $(+5a) - (+7a)$; $(-9a) - (-8a)$; $(+7a) - (+7a)$; $(+4a) - (+3a)$; $(+a) - (0)$
b) $(-4b) - (-4b)$; $(-7b) - (+8b)$; $(+6b) - (+5b)$; $(-b) - (-b)$; $(-b) - (0)$
c) $(+15c) - (-12c)$; $(-18c) - (-19c)$; $(-16c) - (+13c)$; $(+14c) - (+17c)$

3. a) $(+5a) - (-7b) - (+3c) - (+4a) - (+9b) - (-6c)$
b) $(-8m) - (-7n) - (-5m) - (+3n) - (-3m) - (+4n)$
c) $(-14x) - (-17y) - (+15z) - (-13x) - (+16y) - (-14z)$

4. Lösen Sie die Klammern auf und fassen Sie zusammen.

a) $(5a - 3b) - (8a + 5b) + (7a - b) - (3a - 8b)$
b) $(8p - 13q) - (6p - 7q) + (11p + 4q) - (9p - 5q)$
c) $(7m - 4n) - (9m + 7n) + (-m + 4n) - (-3m + 7n)$
d) $(11x + 9y) + (-3x - 4y) - (7x + 8y) - (-x - 2y)$

5. Lösen Sie die Klammern auf und fassen Sie zusammen.

a) $(4a - 5b + c) + (2a + 7b - 3c) - (8a - 3b + 5c)$
b) $(8p + 5q + 3) - (3p - 4q - 5) + (-6p - 8q - 9)$
c) $(11x - 9y + 4z) + (-3x + 5y - 7z) - (-4x + y - 3z)$
d) $(8x - 7y + 9) - (-3x + 4y - 5) + (-6x + 8y - 15)$

6. Lösen Sie die Klammern auf, fassen Sie zusammen und setzen Sie die angegebenen Zahlen ein.

a) $(17a - 14b) - (-13a - 19b) + (-16a + 11b) - (12a + 19b)$
b) $(23m + 34n) - (38m - 21n) + (-13m - 28n) - (-31m + 32n)$
c) $(18p - 13q + 17) - (27p - 24q - 11) + (12p - 13q - 27)$

Setzen Sie ein:
5 für a; 3 für b
8 für m; 3 für n
3 für p; 5 für q

7. Lösen Sie die Klammern auf und fassen Sie zusammen.

a) $[a - (b + c)] - [(a - c) + (b - c) - (a + b)]$
b) $[7m - (5n + 3)] - [-(6n + 7) + 5m - (3n - 2)]$
c) $(9r - 7s) + [-5r - (3s - 5)] - [(2r + 3) - (4s - 7)]$
d) $4p - [(5q - 7) - (-3p + 8q)] - [9 + (-6p - 7q + 5)]$
e) $[8x - (5y + 3z - 6)] - [(7x - 4y) - (8z + 9)] - [-(5x - 8y)]$

8. Lösen Sie die Klammern auf, fassen Sie zusammen und setzen Sie die angegebenen Zahlen ein.

	Setzen Sie ein
a) $3a - [7b - (4a + 3b)] + [(2a - b) - 7a]$	6 für a; 2 für b
b) $[3m - (6n + 4)] - [(8m - 7) + (2n - 3) - (4m + 5n)]$	3 für m; 1 für n
c) $-8p + [-6q + (7p - q)] - [(3p - 4q) - 6p]$	5 für p; 4 für q

9. Beurteilen Sie mithilfe des Kommutativgesetzes, ob folgende Aussagen richtig sind.

a) Im Durchschnitt wiegt ein Apfel 100 g und eine Birne 120 g. Fünf Äpfel und drei Birnen werden in einen Korb gelegt.
Für das Gewicht gilt: $100\,g \cdot 5 + 120\,g \cdot 3 = 120\,g \cdot 3 + 100\,g \cdot 5$.

b) Ein Bankkunde hebt von seinem Guthaben (500,00 €) insgesamt 300,00 € ab. Es gilt 500,00 € – 300,00 € = 300,00 € – 500,00 €.

c) Herr Mann fährt von Koblenz 100 km in Richtung Süden, danach auf derselben Strecke 30 km zurück in Richtung Norden. Er erreicht das gleiche Ziel, als würde er erst 30 km in Richtung Norden fahren und danach 100 km zurück in Richtung Süden.

d) Nach einem heißen Tag im Mai (28 °C) sinkt die Temperatur am nächsten Tag um 5 °C. Diese Temperatur ist dieselbe, als würde an einem kühleren Tag (5 °C) die Temperatur um 28 °C sinken.

e) Ein Sparer möchte zuerst 100,00 € und am selben Tag noch einmal 120,00 € auf sein Sparbuch einzahlen. Sein Guthaben wäre das gleiche, wenn er zuerst 120,00 € und danach 100,00 € eingezahlt hätte.

1.3 Multiplikation und Division

Die Multiplikation ist eine Zusammenfassung mehrfach ausgeführter gleicher Additionen. Um die Anzahl der Farbtöpfe in dem abgebildeten Farbkasten zu ermitteln kann reihenweise addiert werden, also sieben Töpfe in der untersten Reihe plus sieben in der mittleren Reihe plus sieben in der oberen Reihe. Insgesamt 21 Farbtöpfe erhält man auch, indem die Anzahl der Reihen mit der Anzahl der Farbtöpfe in einer Reihe multipliziert werden, also $3 \cdot 7 = 21$.

Ähnlich wie bei der Addition gelten bei der Multiplikation auch das Kommutativ- und das Assoziativgesetz. Zum Verständnis des Kommutativgesetzes kann der Farbkasten um 90° gedreht werden.

Die Anzahl der Farbtöpfe bleibt gleich, auch wenn die Anzahl der Reihen nun sieben und die Anzahl der Töpfe in einer Reihe drei sind. Es gilt $7 \cdot 3 = 3 \cdot 7$; das Kommutativgesetz ist somit für die Multiplikation übertragbar. Es sei vorweggenommen, dass auch das Assoziativgesetz auf die Multiplikation übertragbar ist:

Merke

3	$\cdot$	2	=	6
Multiplikator	mal	Multiplikand	gleich	Produkt
(Faktor)		(Faktor)		

Kommutativgesetz (für die Multiplikation):
Für beliebige Werte $a, b \in \mathbb{R}$ gilt: $a \cdot b = b \cdot a$

Assoziativgesetz (für die Multiplikation):
Für beliebige Werte $a, b, c \in \mathbb{R}$ gilt: $(a \cdot b) \cdot c = a \cdot (b \cdot c) = a \cdot b \cdot c$

Lernsituation: Multiplikation – Roulette Teil 1

In einer Spielbank versucht ein Gast sein Glück, indem er beim Roulette zehnmal hintereinander auf ROT setzt. Fällt ROT, so erhält er seinen Einsatz zurück sowie einen Gewinn in Höhe von 5 €. Fällt SCHWARZ oder GRÜN, so verliert er seinen Einsatz; er erzielt in diesem Fall einen Verlust in Höhe von 5 €.

a) Berechnen Sie den Gewinn bzw. den Verlust des Gastes, wenn die ersten vier Kugeln auf ROT fallen und die restlichen sechs auf SCHWARZ.

b) Berechnen Sie den Gewinn bzw. den Verlust des Gastes für den Fall, dass ROT und SCHWARZ zu gleichen Teilen vorkommen.

c) Berechnen Sie den Gewinn bzw. den Verlust, wenn der Gast eine weitere 10er-Serie spielt und in beiden Serien jeweils nur in den ersten beiden und in den letzten beiden Fällen ROT fällt.

d) Der Gast beendet das Spiel, nachdem er zehnmal hintereinander auf ROT gesetzt hat, aber jeweils SCHWARZ gefallen ist. Anschließend versucht er sein Glück beim Pokern und gewinnt 100 €. Berechnen Sie den Gewinn bzw. Verlust, den er an diesem Tag erzielt hat.

Lösungen

Zur Vereinfachung sei im Weiteren $r = +5$ für den Fall: „Es fällt ROT; der Gast erzielt einen Gewinn von 5 €“ und $s = -5$ für den Fall: „Es fällt SCHWARZ (oder GRÜN) und der Gast hat einen Verlust von 5 €“.

a) Der Gewinn bzw. Verlust errechnet sich durch:

$$r + r + r + r + s + s + s + s + s + s = 4 \cdot r + 6 \cdot s$$

Werden r und s entsprechend ersetzt, ergibt sich $4r + 6s = 4 \cdot 5 + 6 \cdot (-5) = -10$.

In der Serie muss der Gast mit einem Verlust von 10 € rechnen.

b) Die Reihenfolge ist in der Situation nicht wichtig, sodass beispielsweise die Situation durch

$r + r + r + r + r + s + s + s + s + s$ oder durch $r + s + r + s + r + s + r + s + r + s$

dargestellt werden kann (Kommutativgesetz). Zusammengefasst folgt:

$$r + s + r + s + r + s + r + s + r + s \underbrace{=}_{\text{Kommutativ-gesetz}} r + r + r + r + r + s + s + s + s + s$$

$$= 5 \cdot r + 5 \cdot s$$

Werden r und s entsprechend ersetzt, ergibt sich: $5r + 5s = 5 \cdot 5 + 5 \cdot (-5) = 0$. Der Gast macht weder einen Gewinn noch einen Verlust.

c) Für die erste Serie sowie für die zweite Serie lässt sich der Gewinn bzw. der Verlust berechnen durch $2 \cdot r + 6 \cdot s + 2 \cdot r$. Zusammengefasst folgt:

$$(2 \cdot r + 6 \cdot s + 2 \cdot r) + (2 \cdot r + 6 \cdot s + 2 \cdot r) \underbrace{=}_{\text{Kommutativ-gesetz}} (4 \cdot r + 6 \cdot s) + (4 \cdot r + 6 \cdot s) = 8 \cdot r + 12 \cdot s = 8 \cdot 5 + 12 \cdot (-5) = -20$$

Insgesamt erzielt der Gast einen Verlust von 20 €.

d) Zunächst hat der Gast beim Roulette einen Verlust in Höhe von $10 \cdot s = 10 \cdot (-5) = -50$ € gemacht, anschließend einen Gewinn durch das Pokerspiel von 100 €.

Insgesamt erzielte er einen Gewinn in Höhe von $10s + 100 = 10 \cdot (-5) + 100 = -50 + 100 = 50$ €.

Es ist zu beachten, dass bei dem Ausdruck $10s + 100$ das Produkt $10s$ getrennt vor der Addition mit 100 zu ermitteln ist.

Merke

Punkt- vor Strich-Rechnung

Enthält ein mathematischer Ausdruck mehrere Rechenoperationen ohne Klammern, so hat die Multiplikation immer Vorrang vor der Addition oder der Subtraktion.

So ist das Ergebnis aus $2 + 4 \cdot 5$ nicht $6 \cdot 5 = 30$, sondern $2 + 20 = 22$, da zunächst das Produkt $4 \cdot 5$ zu berechnen ist, danach folgt erst die Addition.

AUFGABEN

$a, b, c, \ldots \in \mathbb{Z}$

1. Schreiben Sie als Produkt.

a) $8 + 8 + 8 + 8 + 8$
b) $a + a + a + a$
c) $(a + b) + (a + b) + (a + b)$
d) $(x - y) + (x - y) - (x - y) - (x - y)$
e) $(4m - 3n) + (4m - 3n) + (4m - 3n)$
f) $(3a + 1) + (3a + 1) + (3a + 1) + (3a + 1)$

2. Schreiben Sie als Summe.

a) $4 \cdot 5$
b) $3 \cdot 9$
c) $9 \cdot 3$
d) $5x$
e) $3 \cdot (m + n)$
f) $4 \cdot (p - q)$
g) $2 \cdot (x + y + z)$
h) $3 \cdot (5a - 4b)$

3. Rechnen Sie vorteilhaft, indem Sie das Kommutativgesetz anwenden.

a) $25 \cdot 9 \cdot 4$
b) $20 \cdot 27 \cdot 5$
c) $125 \cdot 13 \cdot 8$
d) $6 \cdot 33 \cdot 5$
e) $2 \cdot 7 \cdot 50 \cdot 9$

4. Berechnen Sie zuerst den Wert der Produkte und setzen Sie dann ein: 3 für a, 4 für b, 5 für x, 2 für y.

a) $8a \cdot 3$
b) $6 \cdot 5b$
c) $7 \cdot 3x$
d) $4 \cdot 13y$
e) $3a \cdot 4b$
f) $9 \cdot 5ab$
g) $7x \cdot 8y \cdot 1$
h) $4ab \cdot 5xy$
i) $6ab \cdot 7xy \cdot 0$
k) $2a \cdot 3x \cdot 4b \cdot y$

5. Berechnen Sie die Produkte.

a) $(+3) \cdot (+5)$
b) $(+8) \cdot (-1)$
c) $(-2) \cdot (+7)$
d) $(-4) \cdot (-9)$
e) $(+6a) \cdot (-2b)$
f) $(-5m) \cdot (-6n)$
g) $(-7p) \cdot (+3q)$
h) $(+4x) \cdot (+8y)$

6. Berechnen Sie die Produkte.

a) $(+3) \cdot (-7) \cdot (+2)$
b) $(+9) \cdot (-5) \cdot (-1)$
c) $(-8) \cdot (-11) \cdot (0)$
d) $(+4a) \cdot (-3b) \cdot (-5c)$
e) $(-7p) \cdot (+6q) \cdot (+2r)$
f) $(-9x) \cdot (-6y) \cdot (-z)$

Die Multiplikation ist eine Zusammenfassung der Addition mit gleichen Werten. Soll $3 + 3 + 3$ zusammengefasst werden, kann vereinfacht auch $3 \cdot 3$ gerechnet werden. Werden mehrere Zahlen mit gleichem Wert multipliziert, kann ebenfalls vereinfacht werden. In dem Fall schreibt man das Produkt als **Potenz**, wie im Beispiel wird aus $3 \cdot 3 = 3^2$ oder $3 \cdot 3 \cdot 3 = 3^3$ (siehe Abbildung).

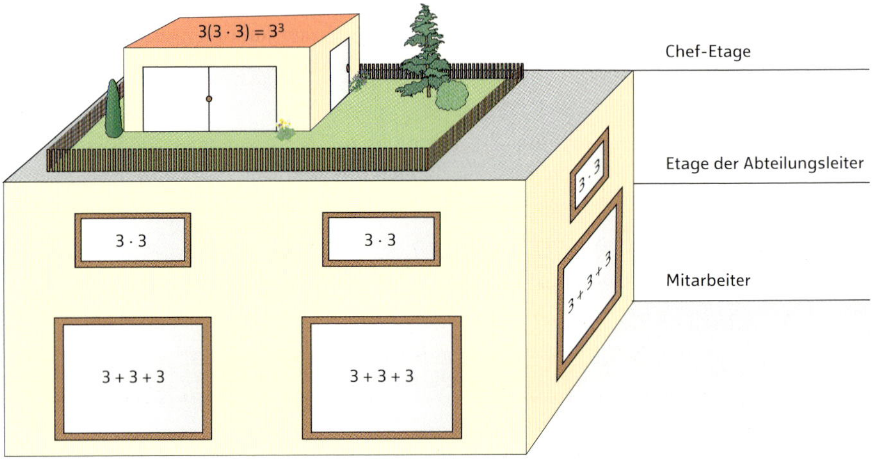

Definition

Die Potenz b^n ist das Produkt gleicher Faktoren b, die n-mal miteinander multipliziert werden.

Der Wert b heißt **Basis**, n heißt **Exponent** bzw. Hochzahl.

Merke

$4^3 = 4 \cdot 4 \cdot 4 = 64$

$\text{Basis}^{\text{Exponent}} = \text{Potenzwert}$

Basis hoch Exponent (Hochzahl) gleich Potenzwert

Was ist aber, wenn die Potenz 3^4 mit einem anderen Faktor multipliziert werden soll, z. B. $2 \cdot 3^4$?

Wenn in einer Rechnung sowohl eine Multiplikation als auch eine Addition durchzuführen sind, so bestimmt man das Ergebnis mit der Punkt- vor Strich-Rechnung (siehe Merksatz). In der Abbildung oben wäre das vergleichbar mit den Abteilungsleitern (Multiplikation), deren Entscheidungen vor denen der Mitarbeiter (Addition) geht. Wird das bildliche Beispiel weiter fortgesetzt, so ist die Potenzrechnung in der Chefetage anzusiedeln. Die Entscheidungen des Chefs stehen über denen der Abteilungsleiter.

Das Ergebnis aus $2 \cdot 3^4$ ist also so zu berechnen, dass zuerst das Ergebnis der Potenz 3^4 ermittelt wird. Im Anschluss daran wird mit 2 multipliziert. Also gilt: $2 \cdot 3^4 = 2 \cdot 81 = 162$.

AUFGABEN

7. Schreiben Sie ausführlicher.

a) 6^3 b) 3^6 c) a^4 d) $4a$ e) $(a+b)^2$ f) $2 \cdot (a+b)$

8. a) $(-1)^2$ b) $(-1)^3$ c) $(-2)^3$ d) $(-3)^2$ e) $(-2)^5$
f) $(-a)^3$ g) $(-a)^4$ h) $(-2a)^3$ i) $(-4x)^3$ k) $(-3y)^4$

9. Berechnen und lesen Sie die Zahl.

a) 10^3 b) 10^5 c) $3 \cdot 10^6$ d) $4 \cdot 10^9$ e) $15 \cdot 10^5$ f) $12 \cdot 10^7$

Beachte: Erst potenzieren, dann multiplizieren.

10. Schreiben Sie kürzer mithilfe von Zehnerpotenzen.

a) 100 000 b) 3 000 000 c) 40 000 000 d) 25 000 000 000

Mithilfe der Multiplikation ist beispielsweise der Gewinn beim Roulette einfach zu berechnen. Setzt ein Spieler 10 € auf ROT und gewinnt, so erhält er das Doppelte ausgezahlt. Die Spielbank überträgt ihm $2 \cdot 10 = 20$ €.

Ist nur der Auszahlungsbetrag der Spielbank für einen Spieler bekannt, müsste mithilfe einer „Umkehrung" der Spieleinsatz zu bestimmen sein.

In der folgenden Lernsituation soll diese Problemstellung untersucht werden.

Lernsituation: Division – Roulette Teil 2

Ein der Spielbank bekannter Gast möchte ein Spielsystem beim Roulette testen. Dazu beschränkt er sich nur auf das Setzen auf ROT. Kommt SCHWARZ, muss er beim nächsten Spiel seinen Einsatz (trotz Verlust) verdoppeln, sodass er bei einem Gewinn seine bisherigen Verluste ausgleichen kann. Problematisch ist nur, wenn beispielsweise 10-mal hintereinander SCHWARZ kommt. Bei einem anfänglichen Einsatz von 10 € müsste er dann für das 11. Spiel insgesamt $10 \cdot 2^{10} = 10\,240$ € aufbringen.

Im Spielrausch versunken, bemerkt der Gast erst vor dem 4. Spiel, dass er einen Spieleinsatz von 200 € tätigen muss.

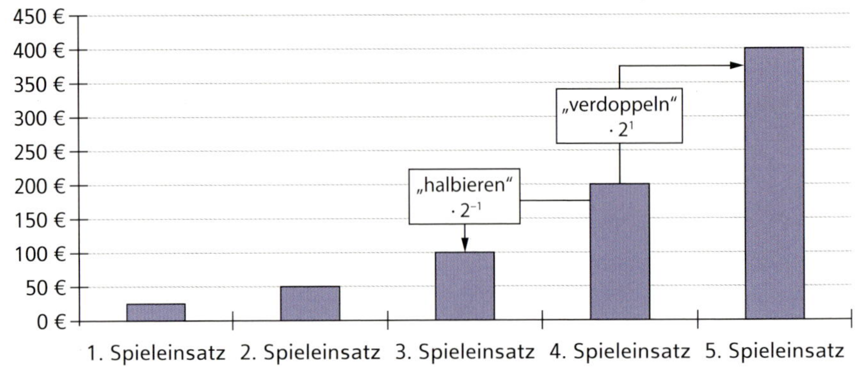

a) Berechnen Sie in dem Fall eines 4. Verlusts den 5. Spieleinsatz des Gasts.

b) Berechnen Sie den 3. Spieleinsatz.

c) Berechnen Sie das Startkapital des Gasts.

Lösungen

a) Nach dem System wird jeder Spieleinsatz verdoppelt.

Ausgehend vom 4. Spieleinsatz in Höhe von 200 € beträgt der 5. Spieleinsatz $200 \cdot 2^1 = 400$ €.

b) Damit der 3. Spieleinsatz berechnet werden kann, muss das Prinzip der Verdoppelung „umgekehrt" werden. Es stellt sich die Frage, wie hoch der 3. Spieleinsatz gewesen sein muss, damit der 4. Spieleinsatz 200 € beträgt. Für den 3. Spieleinsatz muss der 4. Spieleinsatz halbiert werden: $200 : 2 = 100$ €.

Diese Umkehrung wird bei der Potenzrechnung durch einen negativen Exponenten verdeutlicht. Für die Berechnung des 3. Spieleinsatzes muss ausgehend vom 4. Spieleinsatz ein Spiel „zurück" gegangen werden: $200 \cdot 2^{-1} = 100$ €.

c) Für das Startkapital muss der bekannte 4. Spieleinsatz in Höhe von 200 € insgesamt dreimal halbiert werden: $((200 : 2) : 2) : 2 = ((100) : 2) : 2 = (50) : 2 = 25$ €.

Da dreimal hintereinander die Verdoppelung umgekehrt wird, kann auch mithilfe der Potenzrechnung das Startkapital bestimmt werden: $200 \cdot 2^{-3} = 25$ €.

Die Umkehrung der Verdoppelung ist das Halbieren. Wird das Vervierfachen umgekehrt, ergibt sich das Vierteln bzw. das Durch-4-Teilen. Mit Ausnahme der Null kann jeder reelle Multiplikand mit seiner Rechenoperation umgekehrt werden.
Mit Ausnahme der Null ist die Umkehrung der Multiplikation die Division.

Merke

200	:	2	=	100
Dividend	durch	Divisor	gleich	Quotient

In Anlehnung an die Lernsituation „Multiplikation – Roulette Teil 1“ wird verständlich, dass ein Verlust, der halbiert wird, ein Verlust bleibt. Folglich ist der Quotient $s:2 = -5:2$ negativ.

Merke

1. Der Quotient ganzer Zahlen mit gleichen Vorzeichen ist positiv:
   $(+a):(+b) = +(a:b)$ $\quad$ $(-a):(-b) = +(a:b)$
2. Der Quotient ganzer Zahlen mit entgegengesetzten Vorzeichen ist negativ:
   $(+a):(-b) = -(a:b)$ $\quad$ $(-a):(+b) = -(a:b)$

$a \in \mathbb{Q}, b \in \mathbb{N}^*$

Das Kommutativgesetz ist **nicht** auf die Division anwendbar!

AUFGABEN

$a, b, c, \ldots \in \mathbb{Z}^*$, der Divisor sei Teiler des Dividenden.

11. a) $15b:3$ b) $18c:9$ c) $9p:9$ d) $14q:1$
e) $(-12a):(+3)$ f) $(+15b):(-5)$ g) $(-14p):(+7)$ h) $(-18q):(-6)$

12. a) $36n:12n$ b) $27x:3x$ c) $17y:17y$ d) $12z:1$
e) $(+21a):(-7a)$ f) $(-5b):(+b)$ g) $(-6x):(-1)$ h) $(-y):(+1)$

13. a) $32mn:8m$ b) $18pq:6pq$ c) $4xy:xy$ d) $23yz:23yz$
e) $(-27ab):3ab$ f) $36pq:(-9q)$ g) $(-5xy):(-5x)$ h) $12xyz:(-1)$

14. a) $7x:1$ b) $7x:0$ c) $0:7x$ d) $0:0$
e) $(-7x):7x$ f) $0:(-7x)$ g) $(-7x):0$ h) $(-1):(-1)$

1.4 Rechengesetze

Für die Addition und die Multiplikation wurde bereits das Kommutativgesetz erläutert. Darüber hinaus gibt es weitere Rechenregeln, von denen hier das Distributivgesetz und die binomischen Formeln vorgestellt werden.

1.4.1 Das Distributivgesetz

Lernsituation: Distributivgesetz – Radioquiz

Bei einem beliebten rheinland-pfälzischen Radiosender wird täglich ein Quiz veranstaltet, bei dem die Zuhörer Fragen zum aktuellen Geschehen sowie einfache logische Fragen beantworten müssen. Je mehr Fragen richtig beantwortet werden, umso höher ist der Gewinn.

Kürzlich konnte ein Zuhörer die Frage nach dem Ergebnis von $2 + 3 \cdot 4$ nicht korrekt beantworten.

a) Geben Sie an, welche der beiden Abbildungen das Ergebnis aus $2 + 3 \cdot 4$ veranschaulicht.

Abbildung 1

Abbildung 2

b) Geben Sie eine Rechenaufgabe bzw. eine Gleichung an, die als Ergebnis die Anzahl der Muffins in der anderen Abbildung hat.

Lösungen

a) Abbildung 2 veranschaulicht das Ergebnis aus $2 + 3 \cdot 4$. Wegen der Punkt- vor Strich-Rechnung muss zunächst die Anzahl der 3er-Reihen, also die Reihen mit drei Muffins, berücksichtigt werden. Erst im Anschluss daran werden die zwei Muffins in der linken Backform gezählt.

b) In Abbildung 1 gibt es vier 2er-Reihen, also Reihen mit zwei Muffins, und vier 3er-Reihen. Eine passende Gleichung ist:

$$2 \cdot 4 + 3 \cdot 4 = 20$$

Werden die zwei Muffinformen zusammengefasst, so erhält man vier 5er-Reihen. Die passende Gleichung lautet:

$$(2 + 3) \cdot 4 = 4 \cdot (2 + 3) = 20$$

Nach dem Ergebnis von Teilaufgabe b) der Lernsituation führt der Term $(2 + 3) \cdot 4$ zum selben Ergebnis wie $2 \cdot 4 + 3 \cdot 4$.

Die Vermutung, dass das Ausklammern auch für andere Werte gilt, liegt nahe:

Merke

Distributivgesetz

Für beliebige Werte $a, b, c \in \mathbb{R}$ gilt: $a \cdot (b + c) = a \cdot b + a \cdot c$

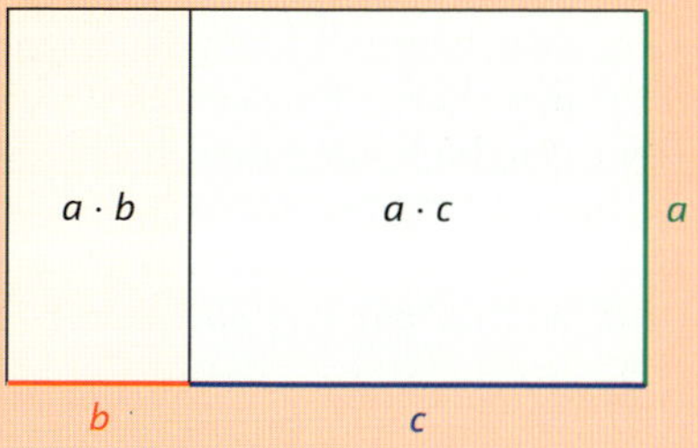

AUFGABEN

1. Schreiben Sie ohne Klammern (multiplizieren Sie aus).

a) $5(2a + 5b)$ b) $8(3m - 2n)$ c) $(4p + 7q)3$ d) $(5x - 3y)4$
e) $6a(b + 2c)$ f) $4p(7 + 5q)$ g) $(8x - 1)y$ h) $(4x + y)3z$

2. Multiplizieren Sie die Klammern aus und setzen Sie ein: 5 für a, 3 für b, 2 für c.

a) $3a(b + c)$ b) $5(a + 2b + 3c)$ c) $2b(4a + 3c + 5)$
d) $2a(3b - c)$ e) $4(5a - b - 2c)$ f) $3c(3a - 2b - 1)$

3. Vergleichen Sie die Terme.

a) $4a + 5b \cdot 2$ mit $(4a + 5b)2$ b) $3m + 4n \cdot 5$ mit $(3m + 4n)5$
c) $6 \cdot 3p + 7q$ mit $6(3p + 7q)$ d) $4 \cdot 9x + 8y$ mit $4(9x + 8y)$

4. Vergleichen Sie die Terme.

a) $8a - 3b \cdot 2$ mit $(8a - 3b)2$ b) $5x - y \cdot 3$ mit $(5x - y)3$
c) $4 \cdot 3a - 2b$ mit $4(3a - 2b)$ d) $5 \cdot 4x - 3y$ mit $5(4x - 3y)$

5. Multiplizieren Sie aus und fassen Sie zusammen.

a) $8(3a - 4b) - 7(-4a + 5b)$ b) $6(5u - 8v) + 3(-9u - 7v)$
c) $-3(2m - n) - 5m(-7n - 6)$ d) $7p(-4 + q) - 6(3p - 2q)$

6. Multiplizieren Sie aus, fassen Sie zusammen und setzen Sie die angegebenen Zahlen ein.

a) $3(4a-5)-7(2a-3)+4(-3a+5)$ setzen Sie -2 für a.
b) $4(5p+3)+6(-3p-8)-5(-4p-9)$ setzen Sie -3 für p.
c) $6(x-3)-2(-7x+4)+9(2x+3)$ setzen Sie -4 für x.

1.4.2 Die binomischen Formeln

Im vorangegangenen Unterkapitel 1.4.1 wurde eine Summe mit einem einzelnen Wert nach dem Distributivgesetz multipliziert. Bei diesem Verfahren – auch bekannt unter dem Begriff „Ausklammern" – wurde dann jeder Wert mit jedem Summanden einzeln multipliziert. Im folgenden Unterkapitel soll diese Vorstellung erweitert werden, indem zwei Summen miteinander multipliziert werden. Im Vordergrund stehen dabei vorerst zwei identische Summen. Dies führt zur Betrachtung der ersten beiden binomischen Formeln:

Merke

Die **1. binomische Formel** ist für beliebige $a, b \in \mathbb{R}$ gegeben durch:
$(a+b)^2=(a+b)\cdot(a+b)=a^2+2ab+b^2$

Die **2. binomische Formel** ist für beliebige $a, b \in \mathbb{R}$ gegeben durch:
$(a-b)^2=(a-b)\cdot(a-b)=a^2-2ab+b^2$

Mithilfe der folgenden Lernsituation werden die beiden binomischen Formeln veranschaulicht.

Lernsituation: Die binomischen (Schoko-)Formeln Teil 1

Ein Schokoladenhersteller aus Rheinland-Pfalz möchte bei einem neuen Produkt Akzente setzen: Die Schokoladentafel „Exquisit" besteht aus mundgerechten Schokoladenstücke, die durch Sollbruchstellen abgetrennt sind. Das Besondere an der Tafel sind die unterschiedlichen Schokosorten (siehe Abb.).

a) Berechnen Sie mithilfe der 1. binomischen Formel die Anzahl aller abgebildeten Schokoladenstücke.

b) Berechnen Sie mithilfe der 2. binomischen Formel die Anzahl der hellbraunen Schokoladenstücke.

Lösungen

a) Die 1. binomische Formel lautet: $(a + b)^2 = a^2 + 2\,a\,b + b^2$.

Setzt man a = *Anzahl der hellen Schokoladenreihen*, also hier $a = 4$, und b = *Anzahl dunkler Schokoladenreihen*, hier $b = 2$, so ist ersichtlich, dass für die Gesamtanzahl aller Schokoladenstücke $(a + b)^2 = (4 + 2)^2$ zu berechnen ist. Aufgeteilt in unterschiedliche Blöcke (siehe untere Abbildung) folgt:

$(a + b)^2 = (4 + 2)^2 = 4^2 + 2 \cdot 4 + 4 \cdot 2 + 2^2 = 4^2 + 2 \cdot 4 \cdot 2 + 2^2 = a^2 + 2\,a\,b + b^2$

Es sind also insgesamt $4^2 + 2 \cdot 4 \cdot 2 + 2^2 = 16 + 16 + 4 = 36$ Schokoladenstücke.

b) Die 2. binomische Formel lautet ähnlich wie die 1. binomische Formel:

$(a - b)^2 = a^2 - 2\,a\,b + b^2$.

Definiert man nun a = *Anzahl aller Schokoladenreihen*, also $a = 6$, und b = *Anzahl der dunklen Schokoladenreihen*, also wie oben $b = 2$, so lässt sich die Anzahl der hellen Schokoladenstücke durch $(a - b)^2 = (6 - 2)^2$ bestimmen.

Für die Bestimmung der hellen Schokoladenstücke trennt man die dunklen Stücke von der Tafel ab. Die folgende bildliche Rechnung ist jedoch nicht ganz korrekt:

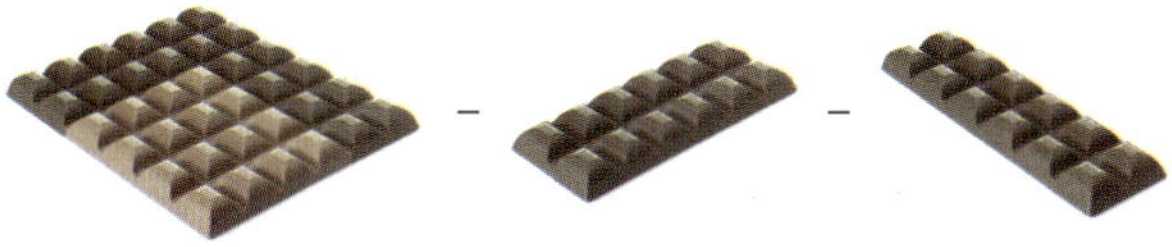

Es wurden vier dunkle Schokoladenstücke, die es bei der Schokoladentafel nicht gibt, zu viel abgezogen! Mathematisch werden diese Teile einfach wieder addiert. So führt dies zur folgenden bildlichen Gleichung:

Also:

$$(a - b)^2 = (6 - 2)^2 = 6^2 - 2 \cdot 6 - 6 \cdot 2 + 2^2$$
$$= a^2 - 2\,a\,b + b^2$$

Es gibt also insgesamt $6^2 - 2 \cdot 6 \cdot 2 + 2^2 = 36 - 24 + 4 = 16$ helle Schokoladenstücke.

AUFGABEN

1. a) $(m+n)^2$ b) $(2p+1)^2$ c) $(4r+3s)^2$ d) $(u+5v)^2$ e) $(7x+8y)^2$

2. a) $(b-c)^2$ b) $(1-4m)^2$ c) $(5m-6n)^2$ d) $(3x-7y)^2$ e) $(z-1)^2$

3. a) $(x+y)(x-y)$ b) $(4a+5)(4a-5)$
c) $(7m-3n)(7m+3n)$ d) $(p-4q)(p+4q)$

4. a) $(a^2+a)^2$ b) $(5a^2-3b^2)^2$ c) $(6m^2-n^2)^2$
d) $(4p^2+3p^3)^2$ e) $(3x^3-2x^2)^2$

5. a) $(-a+b)^2$ b) $(-5-t)^2$ c) $(-4r+7s)^2$
d) $(-3u-5v)^2$ e) $(-1-z)^2$

Wird einer der beiden gleichen Summen bei der 1. oder 2. binomischen Formel um ein Vorzeichen geändert, so gelangt man zur 3. binomischen Formel:

Merke

Die **3. binomische Formel** ist für beliebige $a, b \in \mathbb{R}$ gegeben durch:

$(a+b)\cdot(a-b) = a^2 - b^2$

Besonders komfortabel erweist sich die 3. binomische Formel beim Kopfrechnen, wie die folgende Lernsituation zeigt.

Lernsituation: Die binomischen (Schoko-)Formeln Teil 2

Die herkömmlichen Schokoladentafeln des Herstellers aus Rheinland-Pfalz sind nicht quadratisch, sondern rechteckig (siehe Abb.). Herr Grabowski, ein Mitarbeiter aus der Produktion, behauptet, er könne mithilfe der 3. binomischen Formel die Anzahl der Schokoladenstücke einer Tafel bestimmen. Das sei zwar umständlicher als eine einfache Multiplikation, also hier $4\cdot 8$, aber dafür sei er mithilfe dieses Tricks auch in der Lage, Multiplikationen mit mehrstelligen Zahlen blitzschnell im Kopf durchzuführen. Herr Grabowski demonstriert sein Können und berechnet ohne Taschenrechner in Windeseile das Produkt aus $97\cdot 103$.

a) Berechnen Sie (handschriftlich) das Produkt aus $97 \cdot 103$ mithilfe der 3. binomischen Formel, die im Allgemeinen $(a + b) \cdot (a - b) = a^2 - b^2$ lautet.

b) Veranschaulichen Sie die Aussage von Herrn Grabowski mithilfe der abgebildeten Schokoladentafel und berechnen Sie die Anzahl der Schokoladenstücke mit der 3. binomischen Formel.

c) Berechnen Sie mithilfe der 3. binomischen Formel die Anzahl der Schokoladenstücke einer Schokoladentafel, die vier Reihen und sechs Spalten hat.

d) Bestimmen Sie im Kopf mithilfe der 3. binomischen Formel das Ergebnis aus $96 \cdot 104$.

Lösungen

a) Für die Anwendung der 3. binomischen Formel $(a + b) \cdot (a - b) = a^2 - b^2$ müssen die Werte für a und b geeignet gewählt werden. Der Wert für a sollte so bestimmt werden, dass dieser genau in der Mitte zwischen 97 und 103 liegt, also $a = 100$. Folglich muss hier $b = 3$ sein. Das Produkt aus $97 \cdot 103$ ist dann:

$97 \cdot 103 = (100 - 3) \cdot (100 + 3) = 100^2 - 3^2 = 10\,000 - 9 = 9\,991$

b) Generell ist die Berechnung der Anzahl der Schokoladenstücke mithilfe der 3. binomischen Formel möglich. Nimmt man den Mittelwert aus der Anzahl der Zeilen und der Anzahl der Spalten, so erhält man $\frac{4 + 8}{2} = 6$. Dies kann für die Berechnung der Stückanzahl genutzt werden, sodass $4 \cdot 8 = (6 - 2) \cdot (6 + 2)$ ist. Da die 3. binomische Formel durch: $(a + b) \cdot (a - b) = a^2 - b^2$ gegeben ist, folgt mit $a = 6$ und $b = 2$:

$$\underbrace{(6 - 2)}_{\text{4 Reihen}} \cdot \underbrace{(6 + 2)}_{\text{8 Spalten}} = 6^2 - 2^2 = 36 - 4 = 32$$

Zur Veranschaulichung dient die abgebildete Schokolade:

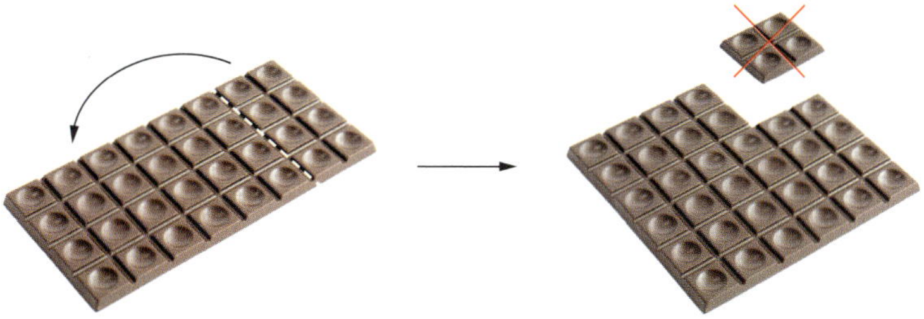

Diese Art der Berechnung kann bei der Multiplikation mehrstelliger Zahlen vorteilhaft sein, so wie Herr Grabowski behauptet hat. So lässt sich beispielsweise $95 \cdot 105$ schnell durch $(100 - 5) \cdot (100 + 5) = 100^2 - 5^2 = 10\,000 - 25 = 9\,975$ berechnen.

c) Bei einer Schokoladentafel, die vier Reihen und sechs Spalten hat, kann die 3. binomische Formel mit $a = 5$ und $b = 1$ angewendet werden:

$$\underbrace{(5-1)}_{\text{4 Reihen}} \cdot \underbrace{(5+1)}_{\text{6 Spalten}} = 5^2 - 1^2 = 25 - 1 = 24$$

d) Das Ergebnis aus $96 \cdot 104$ lässt sich mit der 3. binomischen Formel so berechnen:

$96 \cdot 104 = (100 - 4) \cdot (100 + 4) = 100^2 - 4^2 = 10\,000 - 16 = 9984$

AUFGABEN

6. a) $(8a^2 + 5b^2)(8a^2 - 5b^2)$ b) $(4m^2 + 5n^3)(4m^2 - 5n^3)$
c) $(7y^3 + 6y^2)(7y^3 - 6y^2)$

7. a) $(5x^2 - x)(5x^2 + x)$ b) $(6x^3 - 5y^2)(6x^3 + 5y^2)$
c) $(z^3 - 3z^2)(z^3 + 3z^2)$

8. a) $(a - 4b)(4b + a)$ b) $(3m - 5n)(5n + 3m)$
c) $(4x + 7y)(7y - 4x)$

9. a) $(5p + 6q)(6q + 5p)$ b) $(4r + 2s)(2s + 4r)$
c) $(6x - y)(-y + 6x)$

10. a) $27^2 = (20 + 7)^2$ b) $43^2 = (40 + 3)^2$
c) $59^2 = (60 - 1)^2$

11. a) $(4a + 3b)^2 + (3a - b)^2$ b) $(5m + 7n)^2 - (3m - 4n)^2$
c) $(8x - 3y)^2 - (5x + 2y)^2$

12. Berechnen Sie im Kopf mit der 3. binomischen Formel.
a) $8 \cdot 12$ b) $19 \cdot 21$ c) $23 \cdot 27$ d) $35 \cdot 45$ e) $39 \cdot 61$ f) $92 \cdot 108$

1.5 Zusammenfassung

Zahlenmengen

$\mathbb{N} = \{0, 1, 2, 3, \ldots\}$ Menge der natürlichen Zahlen

$\mathbb{Z} = \{\ldots, -3, -2, -1, 0, 1, 2, 3, \ldots\}$ Menge der ganzen Zahlen

$\mathbb{Q} = \left\{x \mid x = \frac{p}{q}, p \in \mathbb{Z}, q \in \mathbb{Z}^*\right\}$ Menge der rationalen Zahlen

$\mathbb{R}$ = Menge der reellen Zahlen

Es gilt die Teilmengenbeziehung $\mathbb{N} \subset \mathbb{Z} \subset \mathbb{Q} \subset \mathbb{R}$.

$\mathbb{N}^*$, $\mathbb{Z}^*$, $\mathbb{Q}^*$ und $\mathbb{R}^*$ bezeichnet die jeweilige Zahlenmenge ohne Null (0).

Rechenoperationen

Addition

4	+	3	=	7
Summand	plus	Summand	gleich	Summe

Subtraktion

5	–	2	=	3
Minuend	minus	Subtrahend	gleich	Differenz

Multiplikation

3	·	2	=	6
Multiplikator (Faktor)	mal	Multiplikand (Faktor)	gleich	Produkt

Division

200	:	2	=	100
Dividend	durch	Divisor	gleich	Quotient

Potenzrechnung

$4^3 = 4 \cdot 4 \cdot 4 = 64$

$\text{Basis}^{\text{Exponent}} = \text{Potenzwert}$

Basis hoch Exponent (Hochzahl) gleich Potenzwert

Rechengesetze

Kommutativgesetze

Es gibt Kommutativgesetze für die Addition und die Multiplikation, jedoch nicht für Subtraktion und Division.

Für beliebige Werte $a, b \in \mathbb{R}$ gilt: $a + b = b + a$

Für beliebige Werte $a, b \in \mathbb{R}$ gilt: $a \cdot b = b \cdot a$

Assoziativgesetze

Es gibt Assoziativgesetze für die Addition und die Multiplikation, jedoch nicht für Subtraktion und Division.

Für beliebige Werte $a, b, c \in \mathbb{R}$ gilt: $(a + b) + c = a + (b + c) = a + b + c$

Für beliebige Werte $a, b, c \in \mathbb{R}$ gilt: $(a \cdot b) \cdot c = a \cdot (b \cdot c) = a \cdot b \cdot c$

Distributivgesetz

Für beliebige Werte $a, b, c \in \mathbb{R}$ gilt: $a \cdot (b + c) = a \cdot b + a \cdot c$

Binomische Formeln

Für beliebige Werte a,b ∈R gelten die binomischen Formeln:

1. binomische Formel: $(a + b)^2 = a^2 + 2ab + b^2$

2. binomische Formel: $(a - b)^2 = a^2 - 2ab + b^2$

3. binomische Formel: $(a + b) \cdot (a - b) = a^2 - b^2$

1.6 Vermischte Aufgaben

1. Entscheiden Sie, welche Zahlen zu welchen Zahlenmengen gehören. Machen Sie ein Kreuz für die Zugehörigkeit der Zahl in der Zahlenmenge und schreiben Sie gesondert wie im folgenden Beispiel auf: $-7 \notin \mathbb{N}$; $-7 \in \mathbb{Z}$; $-7 \in \mathbb{Q}$.

	$\mathbb{N}$	$\mathbb{Z}$	$\mathbb{Q}$
−2			
3			
1,5			
$\frac{1}{2}$			
−4,5			
$100\,000\frac{3}{4}$			
5			
$\lvert -4 \rvert$			

2. Beurteilen Sie, ob das jeweilige Ergebnis in der Zahlenmenge $\mathbb{N}$, $\mathbb{Z}$ oder $\mathbb{Q}$ enthalten ist:

a) $3 \cdot 4 + 7$

b) $-2 \cdot 5 - 12$

c) $6 \cdot \frac{1}{3} + 2$

d) $5 : 2 - 1$

e) $-\frac{1}{2} \cdot (5 + 3) + 2$

f) $(-4) \cdot (-2) - 3$

g) $14 \cdot \frac{1}{7} - 2$

h) $3 + 5 - 8 : 2$

i) $(2 + 3)^2$

j) $(5 - 2)(5 + 2)$

k) $|-2| - 1$

l) $(-4) \cdot |-5|$

3.

a) Berechnen Sie mithilfe der 1. binomischen Formel die Anzahl der Schokoladenstücke. Teilen Sie dazu die Reihen mit dunkler und mit heller Schokolade auf.

b) Berechnen Sie mithilfe der 2. binomischen Formel die Anzahl der hellen Schokoladenstücke.

c) Verändern Sie das Beispiel derart, dass man die Anzahl der Schokoladenstücke mithilfe der 3. binomischen Formel berechnen kann.

2 Bruchrechnung

Im Alltag begegnen uns häufig Beschreibungen wie „ein viertel Kilogramm Äpfel" oder „die Hälfte einer Fußballspielzeit". Tatsächlich sind solche Bezeichnungen die einfachste Art, um das Teil eines Ganzen darzustellen. Für einen Pizzaverkäufer ist es verständlicher, wenn man eine „Achtel Pizza" bestellt statt „0,125 einer Pizza" zu ordern. Bezeichnungen wie „die Hälfte" oder „ein Viertel" von etwas gehören zur Bruchrechnung und werden im ersten Unterkapitel veranschaulicht. Diese Verhältnisse können untereinander verrechnet werden. Allerdings sind dabei wichtige Rechenregeln zu beachten. Nach dem Vergleich von Brüchen mit Dezimalzahlen im zweiten Abschnitt ist das Verrechnen der Gegenstand des letzten Unterkapitels.

Nach dem Bearbeiten dieses Kapitels sind Sie in der Lage,

- die Bruchrechnung zu veranschaulichen,
- Brüche und Dezimalzahlen zu vergleichen,
- Brüche zu addieren und zu subtrahieren und
- Brüche zu multiplizieren und zu dividieren.

2.1 Veranschaulichung der Bruchrechnung

Bevor zur Veranschaulichung der Bruchrechnung übergegangen werden kann, muss der Begriff „Bruch“ geklärt sein. Wie in der Einführung des Kapitels beschrieben, werden in der Bruchrechnung Anteile von einem Ganzen dargestellt:

Definition

Ist a der Anteil von b, so kann das Verhältnis durch $a:b = \frac{a}{b}$ dargestellt werden. Der Ausdruck $\frac{a}{b}$ heißt Bruchzahl bzw. Bruch und ist Element der Menge der rationalen Zahlen $\mathbb{Q}$.

Der Ausdruck a heißt **Zähler**; er zählt die vorhandenen Anteile; der Ausdruck b heißt **Nenner** und gibt den Nennwert bzw. die Gesamtheit an.

Gerade auf dem Wochenmarkt, wo mit Obst und Gemüse gehandelt wird, hört man häufig Bezeichnungen wie $1\frac{1}{2}$ kg oder $\frac{4}{2}$ kg im Fall von vier 500-g-Schalen mit Früchten. Für Brüche in der Form $1\frac{1}{2}$ oder $\frac{4}{2}$ gibt es in der Mathematik eigene Bezeichnungen, die an dieser Stelle definiert werden sollen:

Definition

- Die Brüche $\frac{1}{2}, \frac{1}{3}, \frac{1}{4}, \frac{1}{5}, \frac{1}{6}, \ldots$ mit dem Zähler 1 heißen **Stammbrüche**.
- Die Brüche $\frac{4}{2}, \frac{6}{2}, \frac{9}{3}, \ldots$ sind **Scheinbrüche**. Der Zähler ist ein Vielfaches des Nenners. Umgekehrt kann jede ganze Zahl auf viele Arten als Bruch geschrieben werden: $2 = \frac{4}{2} = \frac{6}{3} = \cdots$.
- Ist der Zähler größer als der Nenner, so bezeichnet man den Bruch als **unechten Bruch** $\left(\frac{5}{2}, \frac{7}{2}, \frac{3}{2}, \ldots\right)$.
- Zahlen wie $1\frac{2}{3}$ oder $2\frac{1}{4}$ usw. heißen **gemischte Zahlen**, sie stehen für die Summe aus einer ganzen Zahl und einem Bruch $\left(1\frac{2}{3} = 1 + \frac{2}{3}\right)$.

Lernsituation: Terrasse pflastern Teil 1

Herr Weber plant, eine kleine Terrasse zu pflastern. Dafür möchte er vier unterschiedlich große Steine nutzen. Der kleinste Stein (siehe in der Abbildung oben links) ist quadratisch und 1 Flächeneinheit (FE) groß. Die Abbildung zeigt das Verlegemuster für das Flächenstück der Terrasse.

Einer der großen Steine mit gleichen Seitenlängen ist beim Transport zerbrochen. Daher möchte Herr Weber diesen Stein durch zwei kleine quadratische Steine mit je 1 FE und einen rechteckigen Stein (2 FE) ersetzen (siehe untere Abbildung rechts).

a) Berechnen Sie den Anteil der Fläche, den die kleinen quadratischen Steine am großen Stein haben. Vergleichen Sie diesen Anteil mit dem Anteil des rechteckigen Steins am zu ersetzenden Stein.

b) Berechnen Sie den Flächenanteil der kleinen Steine an der Gesamtfläche nach dem Verlegmuster (siehe obige Abbildung).

Mit dem Ergebnis seiner Pflasterarbeiten ist Herr Weber unzufrieden. Auf ihn wirkt das neue Muster langweilig. Ausgehend von dem alten Verlegmuster möchte er nun weniger Steine mit einem Seitenverhältnis von Länge : Breite = 1 : 1 verwenden. Stattdessen sollen mehr Steine mit einem Seitenverhältnis von Länge : Breite = 3 : 2 verbaut werden.

c) Bestimmen Sie in der Abbildung des Verlegemusters die Anzahl der Steine, deren Seitenverhältnis 1 : 1 ist.

d) Geben Sie die Anzahl der Steine an, deren Seitenverhältnis 3 : 2 ist und zeichnen Sie eine weitere Steinformation mit dem gleichen Verhältnis ein.

Lösungen

a) Zur Veranschaulichung ist rechts nochmals die Ausgangssituation abgebildet.

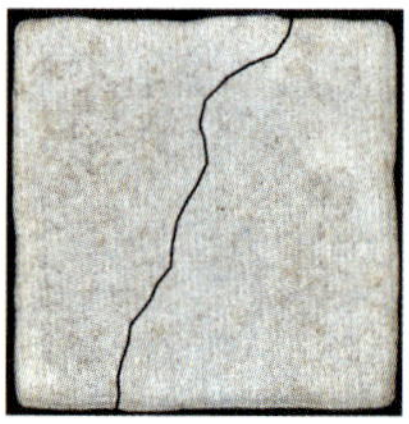

Der Anteil der Fläche, den die zwei kleinen quadratischen Steine am großen quadratischen Stein haben, ist $\frac{2}{4}$. Zum Vergleich teilt man den großen Stein in die Größe der kleinen quadratischen Steine auf. Insgesamt erhält man so aus dem großen Stein vier kleine quadratische Steine.

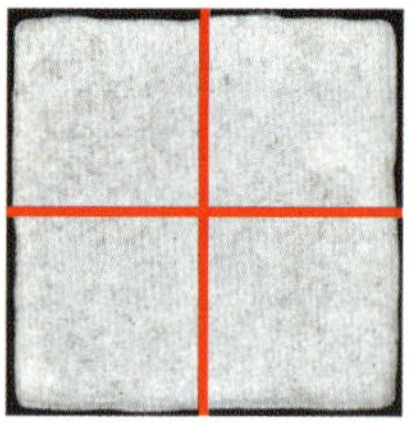

Für den Vergleich mit dem rechteckigen Stein reicht es aus, den großen quadratischen Stein in zwei Teile mit der Größe der rechteckigen Steine aufzuteilen. Der Anteil des einen rechteckigen Steins am großen Stein beträgt dann $\frac{1}{2}$.

Mithilfe der Abbildung in der Ausgangssituation ist erkennbar, dass der Anteil der zwei kleinen quadratischen Steine gleich dem Anteil des einen rechteckigen Steins an der Gesamtfläche ist. Es gilt also: $\frac{2}{4} = \frac{1}{2}$.

b) Um den Flächenanteil der kleinen quadratischen Steine im Verlegemuster zu erhalten, müssen diese gezählt werden (siehe Abb.).

Insgesamt sind vier kleine quadratische Steine in dem Verlegmuster zu finden.

Demgegenüber muss das Verlegmuster so eingeteilt werden, dass es mit den kleinen quadratischen Steinen vergleichbar ist. Eine Möglichkeit ist, das Muster ebenfalls in die kleinen quadratischen Steine einzuteilen und anschließend die Steine zu zählen (siehe Abbildung)

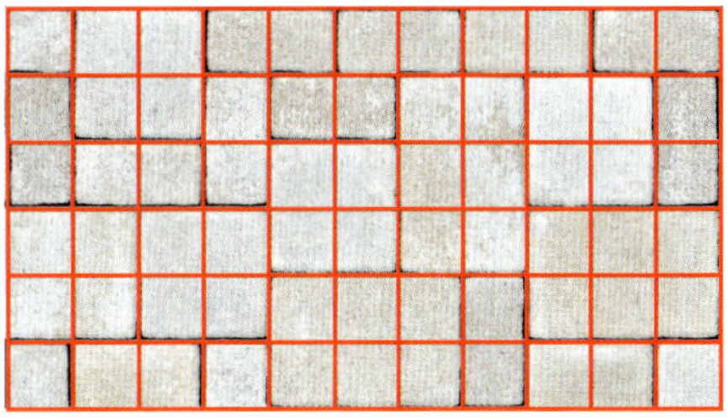

Das Verlegmuster kann insgesamt in 66 kleine quadratische Steine eingeteilt werden. Der Anteil der kleinen quadratischen Steine an der Gesamtfläche beträgt also $\frac{4}{66}$.

c) Das Seitenverhältnis ist nicht nur bei den kleinen quadratischen Steinen (1 FE) 1 : 1, sondern bei allen quadratischen Steinen! Deutlich wird dies bei der Überlegung, dass auch ein Quadrat mit der Seitenlänge 1 cm genauso wie ein Quadrat mit der Seitenlänge 1 m zu den Steinen mit einem Seitenverhältnis von 1 : 1 gezählt werden kann.

Insgesamt sind in dem Verlegmuster vier kleine quadratische (1 FE) und fünf große quadratische (4 FE) Steine zu finden.

d) Beachten Sie, dass man einen Stein drehen kann. Es sind also auch alle Steine zugelassen, deren Seitenverhältnis nach dem Drehen 3 : 2 ergibt. Laut folgender Abbildung gibt es in dem Verlegmuster drei Steine mit dem Seitenverhältnis 3 : 2.

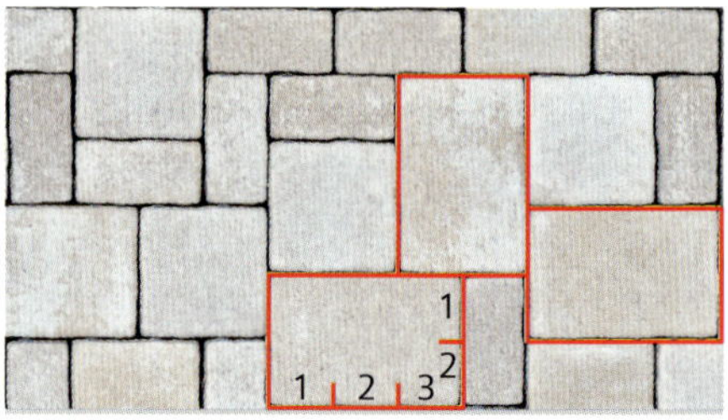

Einen weiteren Stein mit dem Seitenverhältnis 3 : 2 sehen Sie in der nebenstehenden Abbildung.

In Teilaufgabe a) der Lernsituation betrug der Flächenanteil der kleinen Steine $\frac{2}{4}$. Dieser Anteil ist genauso groß wie der Flächenanteil des rechteckigen Steins, der $\frac{1}{2}$ beträgt. Somit sind die Brüche $\frac{1}{2}$ und $\frac{2}{4}$ gleich!

Wird der Bruch $\frac{1}{2}$ zu $\frac{2}{4}$ verändert, so spricht man von einer Erweiterung des Bruchs.

Wird der Bruch von $\frac{2}{4}$ zu $\frac{1}{2}$ verändert, so wurde der Bruch gekürzt.

Dazu gilt der folgende Merksatz:

Merke

Man **erweitert einen Bruch**, indem man Zähler und Nenner mit derselben Zahl aus $\mathbb{Z}^*$ oder mit einem Term multipliziert.

Man **kürzt einen Bruch**, indem man Zähler und Nenner durch dieselbe Zahl aus $\mathbb{Z}^*$ oder durch einen Term dividiert.

AUFGABEN

Die Variablen seien Elemente aus $\mathbb{Z}$, die Nenner seien nicht gleich null.

1. Erweitern Sie. a) $\frac{3}{4}$ mit 3 b) $\frac{2}{5}$ mit (-2) c) $\frac{-4}{7}$ mit 5 d) $\frac{-3}{8}$ mit (-6)

e) $\frac{5}{-6}$ mit 4 f) $\frac{6}{7}$ mit (-5) g) $\frac{1}{-2}$ mit (-3) h) $-\frac{4}{9}$ mit 2 i) $-\frac{2}{3}$ mit (-1)

2. Kürzen Sie. a) $\frac{8}{12}$ b) $\frac{-6}{8}$ c) $\frac{15}{-25}$ d) $-\frac{16}{32}$ e) $\frac{24}{56}$ f) $\frac{-35}{49}$ g) $\frac{36}{-84}$

3. Erweitern Sie mit $3a$. $\frac{2}{3}$; $\frac{4a}{5b}$; $\frac{3ab}{7xy}$; $\frac{-5x^2}{6y^2}$; $\frac{a+b}{a-b}$; $\frac{2x-3y}{2x+3y}$

4. Erweitern Sie mit (-1). $\frac{5}{7}$; $-\frac{3}{8}$; $\frac{4a}{9b}$; $\frac{5a^2}{-6}$; $\frac{a-b}{a+b}$; $\frac{x+2y}{x-2y}$

5. Erweitern Sie mit $(a+b)$. $\frac{4}{5}$; $-\frac{3}{7}$; $\frac{5a}{8b}$; $\frac{-2ab}{3xy}$; $\frac{a+b}{a-b}$; $\frac{3x+4y}{4x+3y}$

6. Bringen Sie auf den Nenner 60. $\frac{1}{3}$; $\frac{3}{4}$; $\frac{2}{5}$; $\frac{5}{6}$; $\frac{3}{10}$; $\frac{7}{12}$; $\frac{14}{15}$; $\frac{11}{20}$

7. Schreiben Sie 1 als Bruch mit dem Nenner 4; -7; $2a$; $-3b$; a^2; $a+b$; $(x-y)^2$.

8.

Bringen Sie	$\frac{a}{b}$	$\frac{2x}{3y}$	$\frac{a}{b+1}$	$\frac{x-y}{x}$	$\frac{a-b}{a+b}$	$\frac{2(x+y)}{(x-y)}$
auf den Nenner.	b^2	$6y^2$	$2b+2$	$x(y-y)$	$a^2+2ab+b^2$	$3(x-y)^2$

9. Kürzen Sie. a) $\frac{18a}{24b}$ b) $\frac{-15a^2}{45ab}$ c) $\frac{16ab}{-40a^2}$ d) $-\frac{28xy^2}{35x^2y}$ e) $\frac{-27x^3}{-63x^2}$

10. Kürzen Sie. a) $\frac{4(a-b)}{5(a-b)}$ b) $\frac{12(a+b)}{18(a+b)}$ c) $\frac{22(x-y)^2}{55(x-y)}$ d) $\frac{9(x+y)}{21(x+y)^2}$

11. Zerlegen Sie in Faktoren und kürzen Sie.

a) $\frac{5a+5b}{6a+6b}$ b) $\frac{7a-7b}{7a+7b}$ c) $\frac{4x-8y}{5x-10y}$ d) $\frac{x^2+xy}{x+xy}$

e) $\frac{a^2-ab}{a^2-b^2}$ f) $\frac{a^2-2ab+b^2}{a^2-b^2}$ g) $\frac{6x+6y}{9x^2-9y^2}$ h) $\frac{ax-ay}{ax^2-ay^2}$

12. Prüfen Sie, welche der folgenden Brüche gleich sind. $\frac{1}{3}$; $\frac{1}{2}$; $\frac{2}{6}$; $\frac{2}{3}$; $\frac{4}{8}$; $\frac{8}{27}$; $\frac{6}{9}$; $\frac{1}{4}$

13. Eine Kleinstadt in Rheinland-Pfalz plant den Bau eines neuen Schwimmbads. Das Grundstück hat die Stadt bereits erworben. Die Stadtverwaltung ist sich noch nicht einig über die Aufteilung zwischen dem Badebereich (in der Abbildung schwarz eingerahmt) und der Wasserzone (blau gefüllt).

Ist der Badebereich kleiner, können die Restflächen anderweitig genutzt und beispielsweise an Imbissbetreiber vermietet werden. Eine großzügige Wasserzone zieht in der Regel viele Badegäste an.

Für zwei unterschiedliche Badebereiche liegen jeweils zwei Vorschläge zur Aufteilung der Wasserzone vor (siehe Abb. a bis d). Zur Entscheidungsvorbereitung sollen Sie jeweils den Anteil der Wasserzone am Badebereich berechnen.

a) 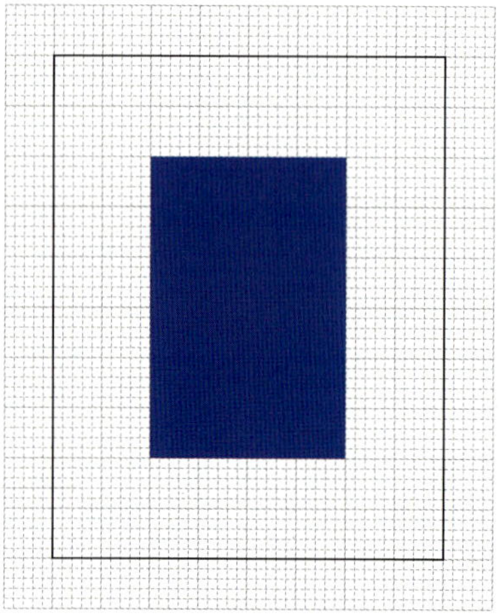

b) 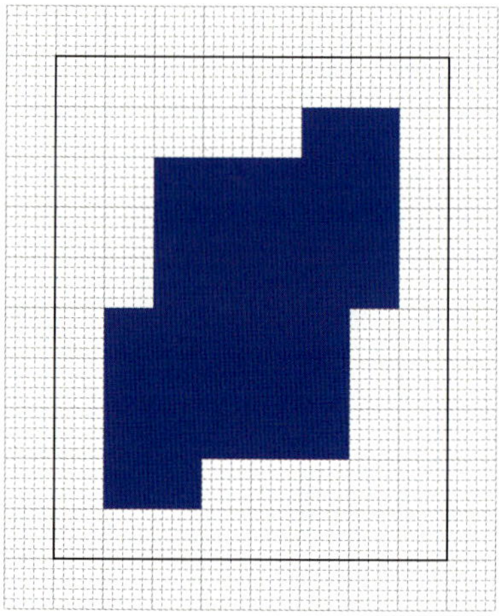

c) 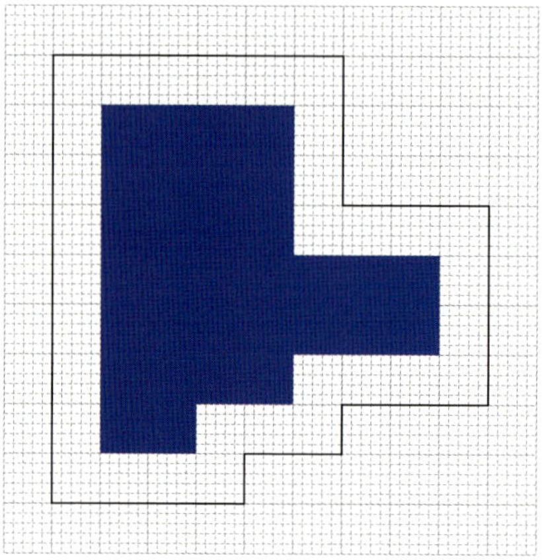

d) 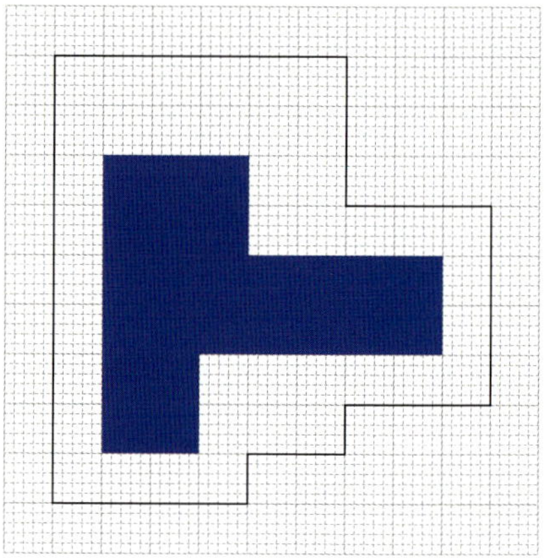

14. Die Papiergrößen sind in den DIN-Normen so angelegt, dass bei mittiger Teilung eines Blattes das Seitenverhältnis Breite : Höhe für das neue Blattformat erhalten bleibt. Wird die schmale Seite als Breite gewählt, so ergibt sich immer das Seitenverhältnis Breite : Höhe $= 1 : \sqrt{2}$.

a) Messen Sie das Papiermaß einer DIN-A4-Seite und bestimmen Sie das Seitenverhältnis.

b) Prüfen Sie das Seitenverhältnis einer DIN-B5- (176 mm × 250 mm), DIN-A5- (148 mm × 210 mm), DIN-B6- (176 mm × 125 mm) und einer DIN-B7- (125 mm × 88mm) Seite.

15. In der Mathematik spricht man von einer harmonischen Teilung, wenn eine Strecke $\overline{AB}$ durch einen inneren Punkt S so geteilt wird, dass mit einem auf der Verlängerung der Strecke $\overline{AB}$ liegenden Punkt T folgendes Verhältnis gilt:

$$\frac{\overline{AS}}{\overline{SB}} = \frac{\overline{AT}}{\overline{BT}}$$

Prüfen Sie, welche der Abbildungen eine harmonische Teilung zeigt.

a)
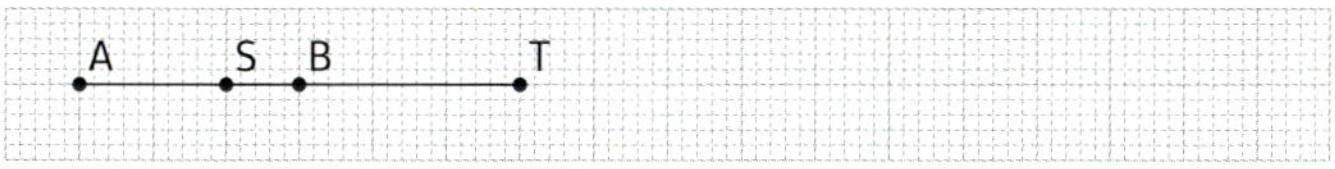

b)
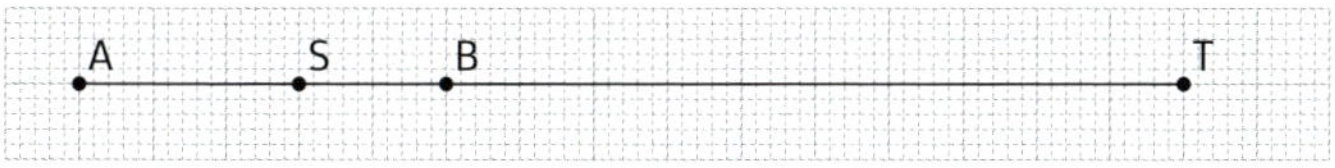

c)
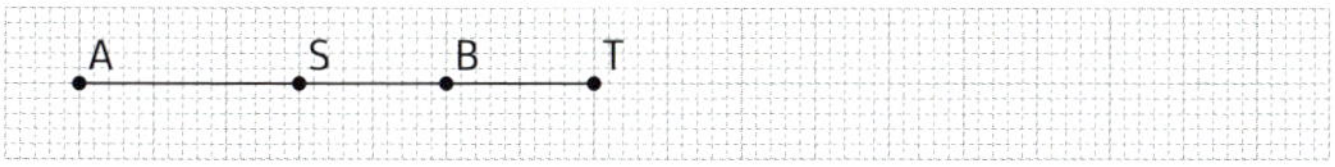

Lernsituation: Gefälle – Terrasse pflastern Teil 2

Beim Pflastern seiner Terrasse hat Herr Weber aus dem ersten Teil der Lernsituation darüber nachgedacht, dass er ein Gefälle für den Wasserablauf berücksichtigen muss. Bei seinen Überlegungen erinnert er sich an Straßenschilder, die Gefälle einer Straße zeigen (siehe Abb.).

a) Beschreiben Sie, was unter einer 18%igen Steigung einer Straße zu verstehen ist.

b) Auf seiner Terrasse muss Herr Weber auf einer Strecke von 5 Metern einen Höhenunterschied von 0,10 Metern überbrücken. Bestimmen Sie die prozentuale Steigung der Strecke.

Lösungen

a) Bei einer Strecke von 100 Metern, die theoretisch waagerecht zurückgelegt wird (Horizontalabstand, siehe Abb.), überbrückt man bei einer 18 %igen Steigung einer Straße einen Höhenunterschied von 18 Metern. Das Verhältnis Höhenunterschied zu Horizontalabstand ist $18:100 = \frac{18}{100} \mathrel{\hat{=}} 18\,\%$.

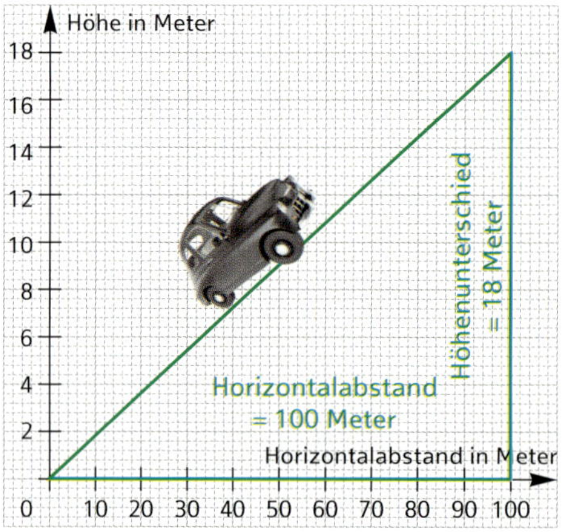

b) Die Bezugsgröße aus Teilaufgabe a) ist 100 m Horizontalabstand. Das Auto könnte stattdessen auch nur einen Horizontalabstand von 50 Meter zurücklegen. Der Höhenunterschied wäre in dem Fall 9 m, da das Verhältnis gleich bleiben muss (18 %).

Durch Kürzen oder Erweitern des Bruchs sind andere Beispiele möglich: $\frac{18}{100} = \frac{9}{50}$.

Im Umkehrschluss kann jeder Horizontalunterschied auf 100 m hochgerechnet werden, sodass sich der Zähler als Prozentzahl ergibt.

Herr Weber möchte auf einer Strecke von 5 m einen Höhenunterschied von 0,10 m überbrücken. Durch Erweitern (mit 20 multiplizieren) ergibt sich das Verhältnis $\frac{0{,}10}{5} = \frac{2}{100}$, das entspricht einer 2 %igen Steigung

Durch Erweitern oder Kürzen eines Bruchs ist es möglich, einen Anteil als Prozentsatz darzustellen. Dazu gilt folgender Merksatz:

Merke

Wird ein Bruch so erweitert, dass im Nenner die Zahl 100 steht, gibt der Zähler den Prozentsatz an, den der Bruch als Anteil am Gesamten darstellt.

Beispiele an ausgewählten Stammbrüchen:

$\frac{1}{2} = \frac{50}{100} \mathrel{\hat{=}} 50\,\%$, $\frac{1}{4} = \frac{25}{100} \mathrel{\hat{=}} 25\,\%$, $\frac{1}{5} = \frac{20}{100} \mathrel{\hat{=}} 20\,\%$, $\frac{1}{10} = \frac{10}{100} \mathrel{\hat{=}} 10\,\%$, …

AUFGABEN

16. Beschreiben Sie die Aussagen der folgenden Straßenschilder. Orientieren Sie sich dabei an der Lösung der vorangegangenen Lernsituation.

a)

b)

c)

17. Bestimmen Sie die prozentuale Steigung folgender Streckenverläufe.

a) Horizontalabstand = 25 Meter; Höhenunterschied = 3 Meter
b) Horizontalabstand = 50 Meter; Höhenunterschied = 5 Meter
c) Horizontalabstand = 20 Meter; Höhenunterschied = 2 Meter
d) Horizontalabstand = 40 Meter; Höhenunterschied = 2 Meter

18. Bestimmen Sie jeweils die Prozentzahl bzw. den Bruch.

$\frac{3}{4}$; $\frac{2}{5}$; $\frac{1}{2}$; $\frac{3}{6}$; $\frac{3}{8}$
12,5 %; 75 %; 62,5 %; 50 %; $33,\overline{3}$ %

19. Bestimmen Sie jeweils den Prozentsatz.

a) zwei von 50
b) vier von 25
c) zehn von 40
d) acht von 10
e) neun von 75
f) zwölf von 80

20. Berechnen Sie die Steigung der jeweiligen Straße.

a)

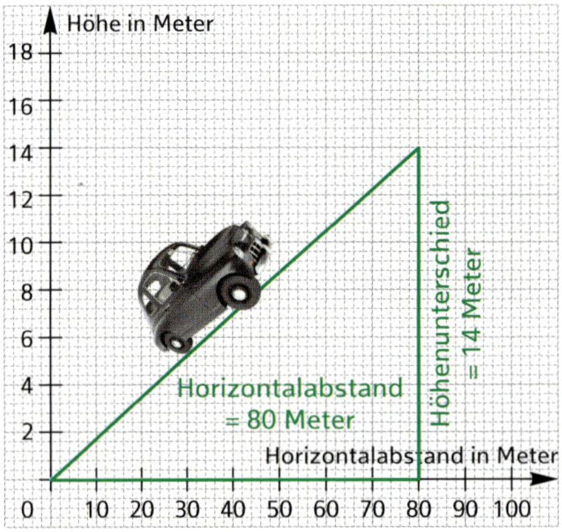

b)

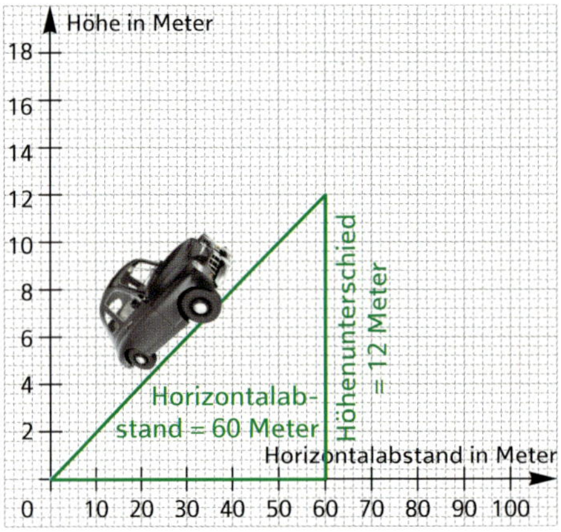

c)

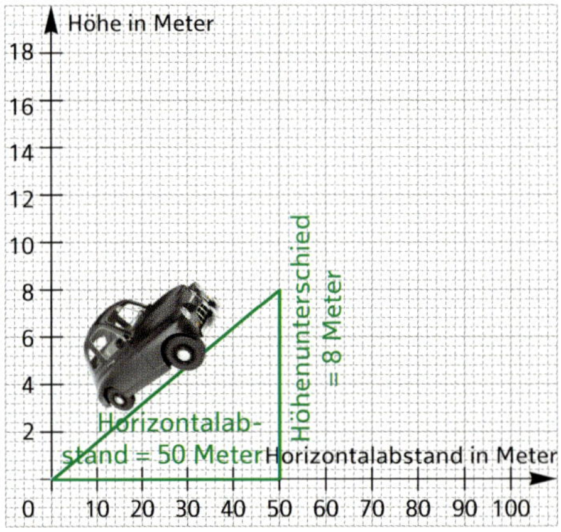

21. Geben Sie den roten, den grünen und den blauen Anteil an der Gesamtfläche jeweils als Bruch mit verschiedenen Nennern und als Prozentsatz an.

a)

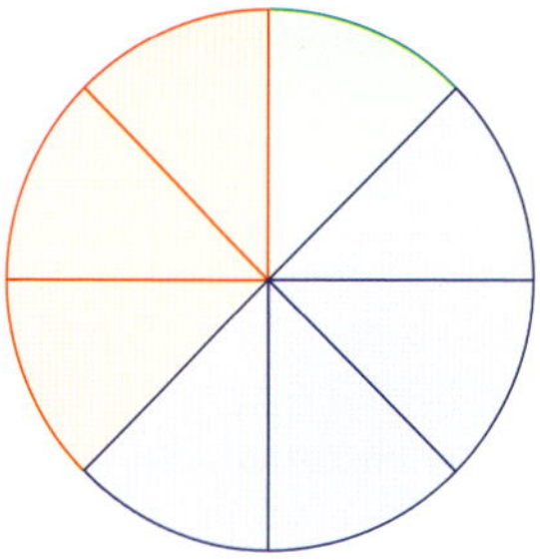

b)

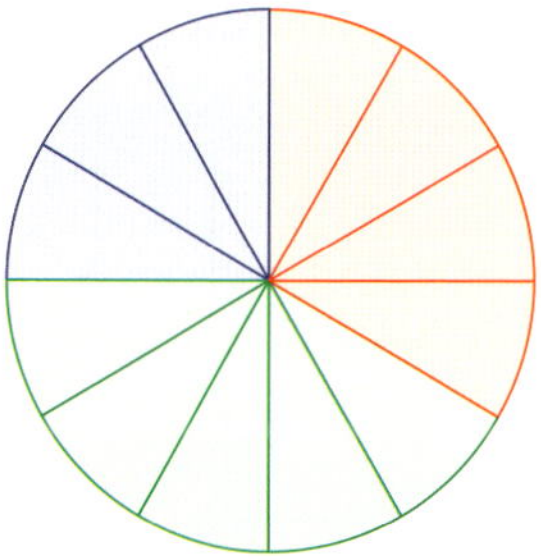

c)

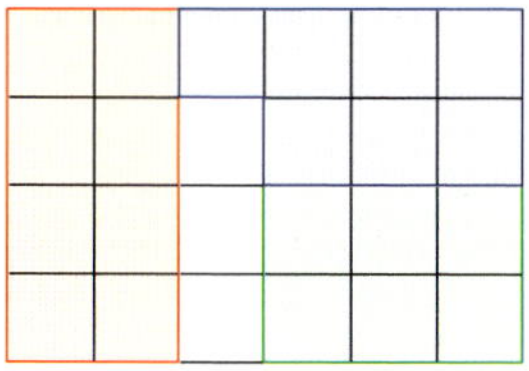

22. Erläutern Sie am Beispiel von den Aufgaben 21 b) und c) die Vor- und Nachteile von Bruch- und Prozentschreibweise.

2.2 Vergleich von Brüchen und Dezimalzahlen

In Kapitel 1 sind auf einer Zahlengeraden Brüche der Größe nach sortiert worden. In diesem Unterkapitel wird anhand von Lernsituationen systematisch gezeigt, wie Brüche für einen Vergleich verändert werden müssen und wie man von einem Bruch zu einer Dezimalzahl gelangt. Letztere soll nun definiert werden:

Definition

Eine **Dezimalzahl** lässt sich durch entsprechende Anordnung der zehn Ziffern 0, 1, 2, …, 9 darstellen. Der Wert einer Ziffer ergibt sich aus seiner Position; steht eine Ziffer vor dem Komma, so wird sie mit einer Zehnerpotenz multipliziert, steht sie nach dem Komma, so wird sie durch eine Zehnerpotenz dividiert.

Auf die Dezimalzahl 712,35 angewendet bedeutet die Definition: Die Ziffer 7 wird mit der Zehnerpotenz 10^2 multipliziert, die Ziffer 1 wird mit 10^1, 2 mit $10^0 = 1$ multipliziert. Die Ziffer der ersten Nachkommastelle 3 wird mit 10^{-1} multipliziert. Dies ist gleichbedeutet mit der Division durch 10^1. Die zweite Nachkommastelle 5 wird entsprechend durch 10^2 dividiert.

Also ergibt sich:

$$712{,}35 = 7 \cdot 10^2 + 1 \cdot 10^1 + 2 \cdot 10^0 + 3 \cdot 10^{-1} + 5 \cdot 10^{-2}$$
$$= 7 \cdot 100 + 1 \cdot 10 + 2 \cdot 1 + 3 \cdot 0{,}1 + 5 \cdot 0{,}01 = 700 + 10 + 2 + 0{,}3 + 0{,}05$$

Damit der Vergleich zwischen Brüchen und zwischen Bruch und Dezimalzahl gelingt, zeigt die folgende Lernsituation Möglichkeiten der Berechnung auf.

Lernsituation: Grillplatz – Terrasse pflastern Teil 3

„Auf einer Terrasse darf kein Grill fehlen“, denkt sich Herr Weber aus den vorangegangenen Lernsituationen und plant nun einen zusätzlichen Grillplatz. Dieser soll auf einer eigenen Fläche neben der Terrasse realisiert werden. Maximal möglich ist eine rechteckige Fläche, die in der Abbildung mit einer gestrichelten Linie umrandet ist. Herr Weber möchte gerne einen besonderen Grundriss für seinen Grillplatz. Dieser ist in der Abbildung durch die durchgängige Linie dargestellt.

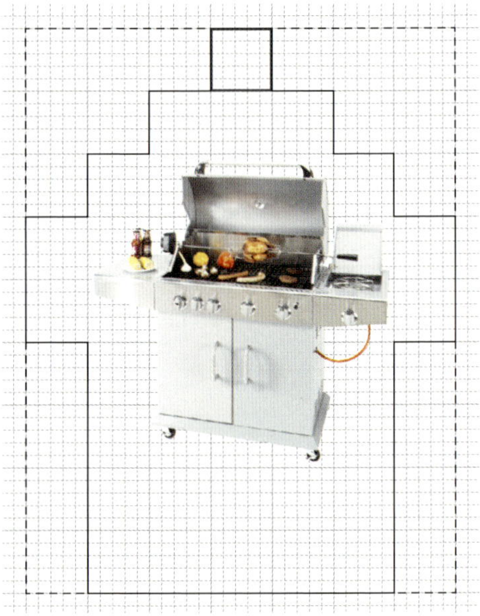

a) Bestimmen Sie den Anteil der Grillfläche an der maximal zur Verfügung stehenden Fläche.

b) Die maximal zur Verfügung stehende Fläche soll mindestens zu $\frac{2}{3}$ und höchstens zu 75 % genutzt werden. Überprüfen Sie, ob die Bedingungen mit Herrn Webers Vorstellungen vom Grundriss des Grillplatzes übereinstimmen.

Lösungen

a) Für den Vergleich der Grillfläche mit der Gesamtfläche muss erneut eine Steingröße gefunden werden, die sowohl in die Grillfläche als auch in die Gesamtfläche passt. Möchte man beispielsweise die Grillfläche mit rechteckigen Steinen (2 FE) verlegen, stellt man fest, dass dies nicht möglich ist.

Mit dem kleinen quadratischen Stein (1 FE) ist der Vergleich möglich. Für die maximal zur Verfügung stehende Fläche werden $7 \cdot 9 = 63$ kleine quadratische Steine benötigt. Für den Grillplatz sind es insgesamt 43. Der Anteil ist somit $\frac{43}{63}$.

b) **Zur Mindestanforderung:**

Beim Anteil $\frac{43}{63}$ (aus der Lösung zu Teilaufgabe a)) wurde die maximal zur Verfügung stehende Fläche in kleine quadratische Steine (1 FE) aufgeteilt. Bei einem Anteil von $\frac{2}{3}$ würde die maximale Fläche nicht in kleine quadratische Steine, sondern in drei große Steine mit einer Größe von jeweils 21 FE aufgeteilt werden. Ein Vergleich ist unter diesen Umständen nicht möglich!

Wird für den Anteil $\frac{2}{3}$ die Gesamtfläche wie oben in 63 kleine quadratische Steine aufgeteilt – mathematisch bedeutet dies, dass der Bruch $\frac{2}{3}$ auf $\frac{42}{63}$ erweitert wird – ist ein Vergleich möglich!

Der Grillplatz hat einen Anteil an der maximal zur Verfügung stehenden Fläche von $\frac{43}{63}$. Die Mindestanforderung, einen Anteil von $\frac{2}{3} = \frac{42}{63}$ zu nutzen, wird eingehalten, denn $\frac{42}{63} < \frac{43}{63}$.

Zur Höchstgrenze:

Der Prozentsatz 75 % entspricht dem Bruch $\frac{75}{100}$ bzw. der Dezimalzahl 0,75. Die maximal zur Verfügung stehende Fläche würde in dem Fall in 100 Steine der Größe x eingeteilt werden. Diese Steine hätten eine andere Größe als die kleinen quadratischen – ein Vergleich ist unter diesen Umständen nicht möglich!

Teilt man die Gesamtfläche in $63 \cdot 100 = 6\,300$ Steine auf (dies werden zugegebenermaßen richtig kleine Steine), ist erstmalig ein Vergleich möglich. Mathematisch betrachtet werden die Brüche entsprechend erweitert:

Aus $\frac{75}{100}$ wird $\frac{75 \cdot 63}{100 \cdot 63} = \frac{4\,725}{6\,300}$ und aus $\frac{43}{63}$ wird $\frac{43 \cdot 100}{63 \cdot 100} = \frac{4\,300}{6\,300}$.

Der Grillplatz nimmt einen Anteil von $\frac{4\,300}{6\,300}$ ein, die Höchstgrenze wird nicht überschritten, denn $\frac{4\,300}{6\,300} < \frac{4\,725}{6\,300}$.

AUFGABEN

1. Ordnen Sie die folgenden Brüche der Größe nach. Notieren Sie die Brüche dabei in einer Ungleichungskette mit dem Relationszeichen „<".

a) $\frac{2}{9}; \frac{7}{9}; \frac{1}{9}; \frac{5}{9}; \frac{4}{9}; \frac{8}{9}$

b) $-\frac{4}{11}; -\frac{1}{11}; -\frac{5}{11}; -\frac{9}{11}; -\frac{2}{11}; -\frac{10}{11}$

2. Bringen Sie die folgenden Brüche auf den Hauptnenner. Notieren Sie die Brüche in einer Ungleichungskette mit dem Relationszeichen „<".

a) $\frac{4}{5}; \frac{9}{10}; \frac{17}{20}$

b) $\frac{4}{9}; \frac{7}{18}; \frac{11}{24}$

c) $\frac{11}{16}; \frac{5}{9}; \frac{19}{36}$

d) $\frac{11}{12}; \frac{7}{8}; \frac{17}{20}$

e) $\frac{5}{6}; \frac{4}{5}; \frac{7}{9}$

f) $\frac{7}{12}; \frac{15}{28}; \frac{23}{42}$

3. Entscheiden Sie, welche der folgenden Aussagen wahr und welche falsch sind.

a) $\frac{5}{6} > \frac{6}{7}$ b) $\frac{5}{8} < \frac{7}{11}$ c) $\frac{11}{14} > \frac{7}{9}$ d) $\frac{9}{11} = \frac{53}{66}$ e) $\frac{7}{13} \neq \frac{49}{91}$

f) $-\frac{3}{7} < -\frac{5}{13}$ g) $-\frac{4}{9} < -\frac{5}{11}$ h) $-\frac{2}{5} > -\frac{5}{12}$ i) $-\frac{5}{14} = -\frac{30}{84}$ j) $-\frac{4}{15} \neq -\frac{28}{105}$

4. Zeichnen Sie eine Zahlengerade und tragen Sie folgende Werte darauf ab. Führen Sie die dazu erforderlichen Berechnungen durch

15 %; $\frac{1}{5}$; 40 %; $\frac{1}{10}$; 30 %; $\frac{1}{20}$

5. Nach einer Veröffentlichung des statistischen Bundesamtes[1] (Stand 31.12.2016) lebt circa $\frac{1}{20}$ der deutschen Gesamtbevölkerung in Rheinland-Pfalz. In Brandenburg leben rund 3 % der deutschen Gesamtbevölkerung, in Hessen ungefähr $\frac{3}{40}$.

Bestimmen Sie eine Rangfolge der Bundesländer, angefangen mit dem Land, das die meisten Einwohner hat. Führen Sie die dazu erforderlichen Berechnungen durch.

6. Für das Schwimmbad der rheinland-pfälzischen Kleinstadt aus Kapitel 2.1 hat die Stadtverwaltung die beiden folgenden Grundrisse in die engere Auswahl genommen. Es soll nun das Schwimmbad gebaut werden, das den größten Anteil der Wasserzone am Badbereich hat. Berechnen Sie die jeweiligen Anteile und geben Sie an, welches Bad gebaut wird.

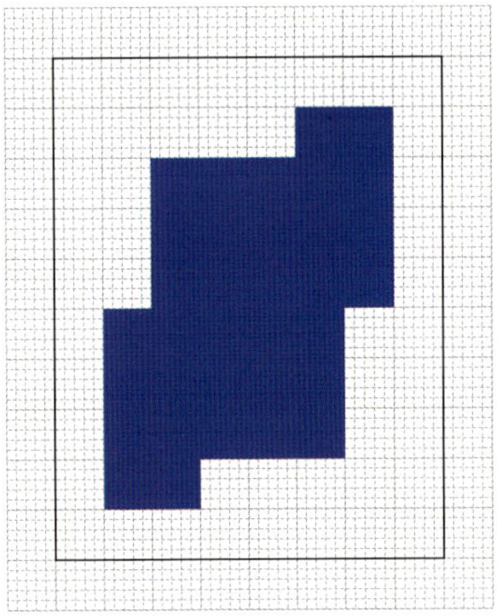

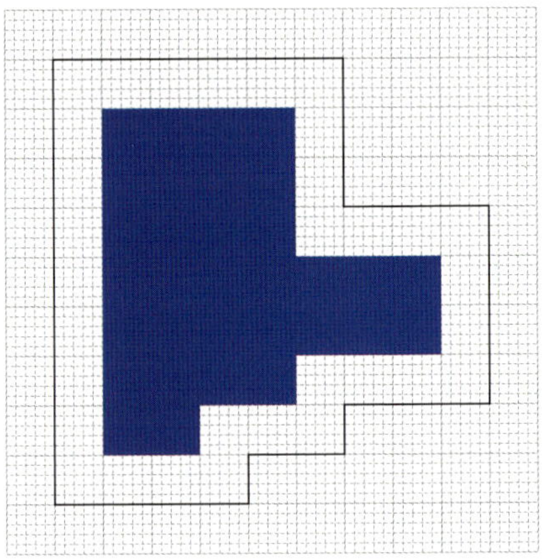

[1] Quelle: https://www.destatis.de/DE/ZahlenFakten/LaenderRegionen/Regionales/Regionaldaten.html, Stand 31.07.2018

2.3 Rechnen mit Brüchen

In den vorangegangenen Unterkapiteln wurden Brüche veranschaulicht und der Größe nach geordnet. Dieses Unterkapitel widmet sich nun den Rechenoperationen Addition und Subtraktion, die anhand des Pflasterbeispiels veranschaulicht werden.

2.3.1 Addition und Subtraktion von Brüchen

Während die Addition und die Subtraktion ganzer Zahlen (siehe Kapitel 1) für viele kein Problem darstellt, sieht es für die Rechenoperationen bei der Bruchrechnung häufig anders aus. Da Brüche ein Anteil vom Ganzen darstellen, ist eine Vergleichbarkeit untereinander wichtig. Wird das „Ganze" für alle zu verrechnenden Brüche einheitlich aufgeteilt, müssen nur noch die Anteile der jeweiligen Rechenoperation entsprechend zusammengefasst werden. Die folgende Lernsituation dient der Veranschaulichung dieses Sachverhalts.

Lernsituation: Besondere Muster – Terrasse pflastern Teil 4

Herr Weber möchte auf seinem Terrassenboden nun mit den verschiedenen Steinplatten ein ganz besonderes Muster realisieren. Das ursprüngliche Verlegemuster dient dabei als Grundlage.

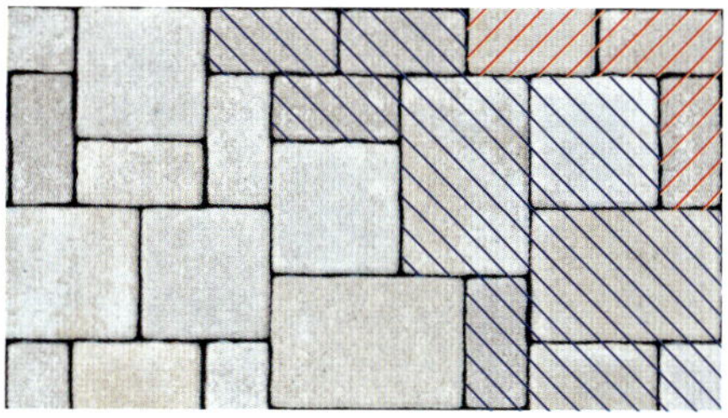

a) Berechnen Sie jeweils den Anteil des rot schraffierten Musters und des blau schraffierten Musters am gesamten Verlegemuster.

b) Berechnen Sie den Gesamtanteil des rot und blau schraffierten Musters am gesamten Verlegemuster.

c) Berechnen Sie den Anteil der nicht schraffierten Fläche am gesamten Verlegemuster.

Lösungen

a) **Anteil des rot schraffierten Musters:**

Das rot gefärbte Muster aus der Ausgangssituation besteht aus drei rechteckigen Steinen mit je zwei Flächeneinheiten (siehe auch Lernsituation „Terrasse pflastern Teil 1"). Ordnet man die rechteckigen Steine anders, ähnlich wie in der Abbildung angedeutet, erhält man für das Verlegmuster insgesamt 33 rechteckige Steine. Ein Vergleich zwischen dem rot markierten Teil und dem Verlegmuster ist damit möglich: Das rot schraffierte Muster enthält 3 von 33 rechteckigen Steinen (2 FE). Der Anteil ist somit $\frac{3}{33}$.

Wird das Verlegemuster anders aufgeteilt, beispielsweise mit länglichen Steinen, die einen Flächeninhalt von 6 FE haben (siehe Abbildung), ist nach geeigneter Anordnung der Anteil der rot gefärbten Fläche durch $\frac{1}{11}$ gegeben. Denn: Ein länglicher Stein (siehe Markierung), der genauso groß ist wie das in der Ausgangssituation dargestellte rot markierte Muster, deckt mit insgesamt 11 Steinen das gesamte Verlegemuster exakt ab.

Eine weitere Möglichkeit besteht in der Einteilung in kleine quadratische Steine (1 FE). Das eingezeichnete Gitter in der rechten Abbildung zeigt die Einteilung; insgesamt enthält das Verlegemuster 66 kleine quadratische Steine. Die rot markierte Fläche besteht aus sechs dieser Steine, der Anteil der Fläche am gesamten Verlegemuster beträgt somit $\frac{6}{66}$.

Da sich der Anteil des Musters nicht geändert hat, muss $\frac{3}{33} = \frac{1}{11} = \frac{6}{66}$ gelten. Der Merksatz aus Kapitel 2.1 bestätigt die Gleichheit, da hier ein Bruch erweitert bzw. gekürzt wird.

Anteil des blau schraffierten Musters:

Wird das blaue Muster in kleine quadratische Steine (siehe oben) eingeteilt, ergibt sich nach Auszählung für die blau schraffierte Fläche ein Anteil von $\frac{27}{66}$.

Auch die Einteilung in längliche Steine mit einer Flächeneinheit von 3 FE ist möglich; der Anteil der blauen Fläche ist $\frac{9}{22}$.

Eine Einteilung des blau schraffierten Musters ist mit den rechteckigen (2 FE) und den länglichen Steinen (6 FE) nicht möglich!

b) Für die Berechnung des Gesamtanteils der farbig schraffierten Flächen müssen die Ergebnisse aus a) nur addiert werden:

$\frac{3}{33} + \frac{9}{22}$.

Ein Problem besteht jedoch darin, dass beim ersten Bruch $\frac{3}{33}$ rechteckige Steine (2 FE) zur Einteilung genutzt wurden und beim zweiten Bruch längliche Steine mit 3 FE. Ein Vergleich ist so nicht sinnvoll. Die beiden Brüche lassen sich nur dann addieren, wenn beide die gleiche „Steingröße" haben.

Für den Fall, dass zur Einteilung aller Muster die kleinen quadratischen Steine (1 FE) genutzt werden, folgt:

$\frac{3}{33} + \frac{9}{22} = \frac{6}{66} + \frac{27}{66}.$

Die insgesamt vorhandenen 66 kleinen quadratischen Steine bleiben bestehen, es sind nur die kleinen Steine der beiden farbigen Muster zu addieren:

$\frac{6}{66} + \frac{27}{66} = \frac{33}{66}.$

Gekürzt ergibt sich für das gesamte farbig schraffierte Muster ein Anteil von $\frac{33}{66} = \frac{1}{2} \mathrel{\hat{=}} 50\,\%$.

c) Ähnlich wie bei der Addition (siehe Lösung zu Teilaufgabe b)) muss es eine einheitliche Einteilung geben.

Werden die kleinen quadratischen Steine genutzt, ist der Anteil durch

$\frac{66}{66} - \frac{33}{66} = \frac{33}{66} = \frac{1}{2}$ gegeben.

Für die Addition und Subtraktion von Brüchen gilt der folgende Merksatz:

Merke

Addition und Subtraktion von Brüchen

Brüche mit gleichem Nenner werden addiert oder subtrahiert, indem ihre Zähler addiert bzw. subtrahiert werden. Der Nenner bleibt erhalten!

$\frac{a}{c} + \frac{b}{c} = \frac{(a+b)}{c}$; $\frac{a}{c} - \frac{b}{c} = \frac{(a-b)}{c}$ $(a, b, c \in \mathbb{Z}; c \neq 0)$

Hinweis:

Gemischte Brüche können nun mithilfe des Merksatzes umgerechnet werden:

Beispielsweise ist $4\frac{1}{2} = 4 + \frac{1}{2} = \frac{8}{2} + \frac{1}{2} = \frac{9}{2}.$

AUFGABEN

$a, b, x, y \in \mathbb{Z}; x \neq 0, y \neq 0$

1. a) $\frac{2}{9} + \frac{5}{9} - \frac{4}{9}$ b) $\frac{3}{11} - \frac{7}{11} + \frac{8}{11}$ c) $\frac{4}{15} + \frac{2}{15} - \frac{11}{15}$

2. a) $\frac{4a}{x} + \frac{5a}{x} - \frac{3a}{x}$ b) $\frac{3b}{y} - \frac{7b}{y} + \frac{2b}{y}$ c) $\frac{5a}{3x} + \frac{2a}{3x} - \frac{4a}{3x}$

3. a) $\frac{5a}{2x} + \frac{2b}{2x} - \frac{3a}{2x}$ b) $\frac{a}{3y} - \frac{3b}{3y} + \frac{2a}{3y}$ c) $\frac{5ab}{4xy} - \frac{8a}{4xy} + \frac{3ab}{4xy}$

4. a) $\frac{2a^2}{xy} - \frac{2ab}{xy} - \frac{a^2 - b^2}{xy}$ b) $\frac{6ab}{3y} - \frac{5a^2}{3y} - \frac{2a^2 - 3b^2}{3y}$

$G = \mathbb{Q}$

Berechnen Sie in den folgenden Aufgaben jeweils die Summe und stellen Sie fest, welche Bedingungen gelten müssen, damit die Nenner der Summanden nicht den Wert 0 annehmen.

5. a) $\frac{1}{6} + \frac{1}{4} - \frac{2}{3}$ b) $\frac{2}{9} - \frac{3}{4} + \frac{5}{12}$ c) $\frac{2}{5} + \frac{4}{15} - \frac{3}{4}$ d) $\frac{7}{9} - \frac{3}{8} - \frac{5}{12}$

6. a) $\frac{5a}{3x} - \frac{3a}{4x}$ b) $\frac{2b}{5y} - \frac{b}{2y}$ c) $\frac{a}{x} - \frac{2a}{3x}$ d) $\frac{3b}{4y} - \frac{5b}{6y}$

7. a) $1 - \frac{1}{x}$ b) $\frac{1}{y} + 1$ c) $\frac{a}{x} - a$ d) $b - \frac{1}{y}$

8. a) $\frac{1}{x} - \frac{1}{y}$ b) $\frac{a}{x} + \frac{b}{y}$ c) $\frac{x}{y} - \frac{y}{x}$ d) $\frac{a}{x} - \frac{a}{y}$

9. a) $\frac{2a}{x} - \frac{b}{y} + \frac{a}{3x}$ b) $\frac{a}{x} + \frac{a}{x^2} - \frac{a}{x^3}$ c) $\frac{y}{x} + \frac{x}{y} - 2$

10. Zerlegen Sie die Nenner in Faktoren und fassen Sie zusammen.

a) $\frac{11a - 3}{3x + 3} - \frac{7a - 4}{2x + 2} + \frac{5a - 6}{6x + 6}$ b) $\frac{6b + 2}{4y - 8} + \frac{5b - 3}{2y - 4} - \frac{3b - 1}{y - 2}$

11. Eine Pizzeria aus einer rheinland-pfälzischen Kleinstadt teilt für den Verkauf ihre großen Pizzen in zwölf gleiche Teile. Für jedes Teilstück bezahlt der Kunde 1,50 €.
Eine Person bestellt für eine kleine Gesellschaft von den großen, nicht geteilten Pizzen jeweils folgende Anteile: $\frac{3}{4}$ der Pizza mit Schinken, $1\frac{1}{3}$ der Pizza mit Pilzen, $2\frac{5}{6}$ der Pizza mit Zwiebeln und $\frac{7}{12}$ der Pizza Margherita.

Berechnen Sie, wie viel der Kunde bezahlen muss.

12. In der letzten Woche hat Frau Meier am Montag $1\frac{1}{2}$ Überstunden gemacht, am Dienstag eine Dreiviertelstunde und am Mittwoch $\frac{1}{3}$ Überstunde. Zum Ausgleich konnte sie am Freitag $1\frac{5}{6}$ Stunden früher gehen.

Berechnen Sie für die jetzige Woche die noch vorhandenen Überstunden von Frau Meier.

13. In der Wahrscheinlichkeitsrechnung ist ein Ereignis ein mögliches Ergebnis eines Zufallsexperiments. Wird ein Würfel einmal geworfen und es soll eine 6 fallen, so ist die Wahrscheinlichkeit des Ereignisses, dass 6 gewürfelt wird, $\frac{1}{6}$. Die Wahrscheinlichkeit des Ereignisses, dass nach einmaligen Würfeln eine 2 fällt, ist $\frac{1}{6}$ – ebenso wie die Wahrscheinlichkeit, dass eine 4 gewürfelt wird.

Berechnen Sie die Wahrscheinlichkeit des Ereignisses, dass eine gerade Augenzahl gewürfelt wird.

2.3.2 Multiplikation und Division von Brüchen

Für die Multiplikation und die Division von Brüchen müssen zuvor nicht zwangsläufig gleichnamige Nenner gefunden werden. Stattdessen ist für die Division eine Besonderheit zu beachten, die in der folgenden Lernsituation neben der Multiplikation von Brüchen veranschaulicht werden soll.

Lernsituation: Steingrößen beim Baustoffhandel – Terrasse pflastern Teil 5

Das von Herrn Weber gewünschte Steinmuster ist gelegt. Nun muss er die Rechnung des Baustoffhandels bezahlen. In der Rechnung ist die Rede von ganzen Steinen, die 4 Flächeneinheiten (FE) haben (linke Abb.), von Halbsteinen mit 2 FE (mittlere Abb.) und von Viertelsteinen mit 1 FE (rechte Abb.).

Es scheint so, als würde man für den jeweils nächstkleineren Stein eine Seite, gegebenenfalls die längste, halbieren.

a) Bestimmen Sie die Anzahl der ganzen Steine, die die gleiche Größe wie 8 Viertelsteine haben.

b) Geben Sie an, welcher der Steine in der unteren Abbildung der nächstgrößere Stein nach dem oben beschriebenen ganzen Stein (Abb. oben links) ist. Bestimmen Sie seine Fläche.

Lösungen

a) Für die Bestimmung der Anzahl ganzer Steine, die acht Viertelsteinen entsprechen, ist kein Vergleich wie in Unterkapitel 2.2 nötig: Hier muss also keine Fläche in gleich große Steine aufgeteilt werden.

Legt man acht Viertelsteine nebeneinander, so ist schnell zu erkennen, dass dies zwei ganze Steine ergibt. Die folgende Rechnung bestätigt die Vermutung:

$$8 \cdot \frac{1}{4} = \frac{8}{1} \cdot \frac{1}{4} = \frac{8 \cdot 1}{1 \cdot 4} = \frac{8}{4} = 2.$$

Zum besseren Verständnis wird die Menge 8 als Scheinbruch $\frac{8}{1}$ geschrieben. Auf diese Weise wird deutlich, was der Zähler und was der Nenner ist.

b) Vom ganzen Stein zum Halbstein gelangt man, indem die gegebenenfalls längere Seite halbiert wird. Wird umgekehrt der nächstgrößere Stein gesucht, so muss das Halbieren umgekehrt werden: Dabei wird eine Seitenlänge verdoppelt, sodass die rechte Abbildung den nächstgrößeren Stein zeigt. Die linke Abbildung hat keine Seite verdoppelt und die mittlere Abbildung beide Seiten, sodass diese nicht infrage kommen.

Für die Fläche des nächstgrößeren Steins gilt das Gleiche,

aus 4 FE: $\frac{1}{2}$ wird 4 FE: $\frac{1}{2} = 4 \cdot \frac{2}{1} = 8$ FE.

Die Fläche des nächstgrößeren Steines ist somit 8 FE groß.

Bei der Multiplikation von Brüchen muss darauf geachtet werden, was der Zähler und was der Nenner ist. Die Division ist die Umkehrung der Multiplikation – mit Ausnahme der Null (siehe Kapitel 1). Diese Ergebnisse sollen noch einmal in einem Satz festgehalten werden:

Merke

Brüche werden miteinander **multipliziert**, indem die Zähler miteinander multipliziert werden und getrennt davon die Nenner.

Also gilt: $\frac{a}{b} \cdot \frac{c}{d} = \frac{a \cdot c}{b \cdot d} = \frac{ac}{bd}, \quad a, b \in \mathbb{Z}; c, d \in \mathbb{Z}^*$

Brüche werden **dividiert**, indem man den ersten Bruch mit dem Kehrwert des zweiten Bruchs multipliziert. Kehrwert bedeutet, dass Zähler und Nenner vertauscht werden.

Also gilt: $\frac{a}{b} : \frac{c}{d} = \frac{a}{b} \cdot \frac{d}{c} = \frac{a \cdot d}{b \cdot c} = \frac{ad}{bc}, \quad a \in \mathbb{Z}; b, c, d \in \mathbb{Z}^*$

AUFGABEN

1. Bilden Sie jeweils den Kehrwert.

$\frac{2}{3}$; $\frac{1}{5}$; 6; $\frac{a}{x}$; $\frac{1}{x}$; x; $\frac{x+y}{x-y}$; $\frac{1}{x+y}$; $x+y$

Berechnen Sie den Wert des Produktes und stellen Sie fest, welche Bedingungen gelten müssen, damit die Nenner der einzelnen Faktoren und der Nenner des Produktes nicht den Wert 0 annehmen. $G = \mathbb{Q}$

2. a) $\frac{5}{24} \cdot (-3)$ b) $\frac{14}{15} \cdot \frac{10}{21}$ c) $\left(\frac{-5}{7}\right) \cdot \frac{14}{15}$ d) $\left(\frac{-5}{9}\right) \cdot \left(\frac{-3}{10}\right)$ e) $\frac{11}{16} \cdot \left(-\frac{12}{33}\right)$

3. a) $\frac{b}{x} \cdot x$ b) $\frac{a}{y} \cdot a$ c) $\frac{a}{x} \cdot \frac{b}{y}$ d) $\frac{a}{b} \cdot \frac{b}{x}$ e) $\frac{a}{b} \cdot \frac{(-b)}{c}$

4. a) $\frac{3a}{4b} \cdot \frac{8}{9a}$ b) $\frac{5xy}{6} \cdot \frac{8}{15y}$ c) $\frac{6a}{7b} \cdot \frac{14b^2}{15a^2}$ d) $\frac{4ax}{5b} \cdot \frac{25bx}{32a}$ e) $\frac{3a^2b}{8xy} \cdot \frac{8x^2y^2}{ab}$

5. a) $\frac{6}{7} : (-9)$ b) $\left(-\frac{8}{11}\right) : (-12)$ c) $\frac{15}{16} : \left(-\frac{25}{32}\right)$ d) $\left(-\frac{6}{7}\right) : \left(-\frac{27}{28}\right)$ e) $\left(-\frac{6}{11}\right) : \frac{15}{22}$

6. a) $\frac{a}{x} : a$ b) $\frac{1}{x} : b$ c) $\frac{a}{y} : \frac{b}{y}$ d) $\frac{1}{a} : \frac{1}{b}$ e) $\frac{a}{x} : \frac{a}{2x}$

7. a) $6a : \frac{3a}{4b}$ b) $8xy : \frac{2x}{5y}$ c) $12a^2 : \frac{4a}{b}$ d) $10xy : \frac{5x^2}{y}$ e) $2ab : \frac{4b}{a}$

8. a) $\frac{4ax}{a-x} : \frac{8ay}{a-x}$ b) $\frac{x+y}{x-y} : \frac{x-y}{x+y}$ c) $\frac{(a+b)^2}{(a-b)^2} : \frac{a+b}{a-b}$

9. a) $\frac{a^2-16}{b^2-25} : \frac{a+4}{b-5}$ b) $\frac{3x^2-3y^2}{2x+2y} : \frac{6x-6y}{4x^2-4y^2}$ c) $\frac{2a^2+4a+2}{4a^2-16} : \frac{a^2+2a+1}{a^2-4a+4}$

10. In einem Betrieb soll ein neues wichtiges Projekt von 4,5 Arbeitskräften realisiert werden. Ein Arbeitstag soll $8\frac{1}{4}$ Stunden (ohne Pause) dauern. Pro Stunde rechnet der Betrieb mit Lohnkosten in Höhe von 20,00 €. Berechnen Sie die Anzahl der Stunden und die Lohnkosten, die der Betrieb täglich bezahlen muss.

11. Eine Grundstücksfläche mit einer Größe von $749\frac{1}{4}$ m^2 soll so aufgeteilt werden, dass höchstens $\frac{5}{9}$ der Gesamtfläche bebaut werden.

Berechnen Sie die Fläche, die bebaut werden darf.

12. Bei frühzeitiger Zahlung einer Rechnung in Höhe von 550,50 € erlässt der Gläubiger dem Kunden $\frac{1}{50}$ der Rechnung (= Skonto).

a) Berechnen Sie, wie viel Prozent Skonto der Kunde abziehen darf.
b) Berechnen Sie den Betrag, den der Kunde zahlen muss.

13. Eine landwirtschaftlich genutzte Fläche von $2\frac{1}{4}$ ha soll auf drei Erben aufgeteilt werden.

Berechnen Sie den Anteil jedes Erben in Hektar und in Quadratmetern.

14. Familie Iwanow möchte ihre Auffahrt mit einer Gesamtfläche von $214\frac{2}{7}$ m^2 mit großen Steinen $\left(\text{je } \frac{3}{7} m^2\right)$ pflastern. Vorplanungen haben gezeigt, dass die Pflastersteine die Fläche ohne Teilung genau abdecken. Berechnen Sie die Anzahl der Steine, die für das Pflastern der Auffahrt nötig sind.

15. Ein Schuldner hat mit seiner Bank vereinbart, dass er pro Jahr jeweils die Hälfte seiner noch vorhandenen Schulden zurückzahlt. In diesem Jahr zahlte der Schuldner 1 250,00 €. Berechnen Sie die Zahllast des Vorjahres.

16. Eine Gärtnerei musste in diesem Jahr aufgrund der langen Wärmeperiode hohe Wasserkosten in Höhe von 1 200,00 € in Kauf nehmen. Im letzten Jahr betrugen die Kosten nur $\frac{3}{5}$ im Vergleich zum jetzigen Jahr. Berechnen Sie die Kosten des Vorjahres.

2.4 Zusammenfassung

- Der Ausdruck $\frac{a}{b}$ heißt Bruchzahl bzw. **Bruch** und ist Element der Menge der rationalen Zahlen $\mathbb{Q}$.
- **Besondere Brüche:**
  - Die Brüche $\frac{1}{2}, \frac{1}{3}, \frac{1}{4}, \frac{1}{5}, \frac{1}{6}, \ldots$ mit dem Zähler 1 heißen **Stammbrüche**.
  - Die Brüche $\frac{4}{2}, \frac{6}{2}, \frac{9}{3}, \ldots$ sind **Scheinbrüche**. Der Zähler ist ein Vielfaches des Nenners.
  - Ist der Zähler größer als der Nenner, so bezeichnet man den Bruch als **unechten Bruch** $\left(\frac{5}{2}, \frac{7}{2}, \frac{3}{2}, \ldots\right)$.
  - Zahlen wie $1\frac{2}{3}$ oder $2\frac{1}{4}$ usw. heißen **gemischte Zahlen**, sie stehen abkürzend für die Summe aus einer ganzen Zahl und einem Bruch $\left(1\frac{2}{3} = 1 + \frac{2}{3}\right)$.
- Zur **Erweiterung** eines Bruchs werden Zähler und Nenner mit demselben Term bzw. mit derselben ganzen Zahl multipliziert.
- **Kürzt** man einen Bruch, werden Zähler und Nenner durch denselben Term bzw. durch dieselbe ganze Zahl (außer Null) dividiert.
- Ist bei einem Bruch der Nenner 100, gibt der Zähler den **Prozentsatz** an, den der Bruch als Anteil am Gesamten darstellt.
- Eine **Dezimalzahl** lässt sich durch entsprechende Anordnung der 10 Ziffern 0, 1, 2, ..., 9 darstellen. Der Wert einer Ziffer ergibt sich aus seiner Stellung.

Besondere Rechengesetze:

- Brüche mit gleichem Nenner werden addiert oder subtrahiert, indem ihre Zähler addiert bzw. subtrahiert werden. Der Nenner bleibt erhalten! Beispiel: $\frac{8}{2} + \frac{1}{2} = \frac{8+1}{2} = \frac{9}{2}$.
- Gemischte Brüche können umgerechnet werden. Beispiel: $4\frac{1}{2} = 4 + \frac{1}{2} = \frac{8}{2} + \frac{1}{2} = \frac{9}{2}$.
- Brüche werden miteinander multipliziert, indem die Zähler miteinander multipliziert werden und getrennt davon die Nenner. Beispiel: $\frac{3}{4} \cdot \frac{2}{9} = \frac{3 \cdot 2}{4 \cdot 9} = \frac{6}{36} = \frac{1}{6}$.
- Ein Bruch wird durch einen anderen Bruch dividiert, indem der erste Bruch mit dem Kehrwert des zweiten Bruchs multipliziert wird. Beispiel: $\frac{3}{4} : \frac{2}{9} = \frac{3}{4} \cdot \frac{9}{2} = \frac{3 \cdot 9}{4 \cdot 2} = \frac{27}{8}$.

2.5 Vermischte Aufgaben

1. Mario, ein achtjähriger Junge, und seine Eltern sitzen in einer beliebten Pizzeria in einer rheinland-pfälzischen Kleinstadt. In dem Restaurant ist es üblich, dass die große Pizza mit einem Durchmesser von 60 Zentimetern in 12 Teile aufgeteilt und abgerechnet wird. Würde man die Pizza am Stück kaufen, müsste man 30 Euro bezahlen.
Mario möchte seinen Eltern unbedingt etwas ausgeben. Da die Eltern ihm diese Freude nicht verwehren möchten, sie allerdings auch ein schlechtes Gewissen haben, hat man sich geeinigt, dass er ein Fünftel der Rechnungssumme bezahlt. Den Rest übernehmen die Eltern.
Insgesamt haben die drei Personen ein Viertel der großen Salami-Pizza, ein Zwölftel der großen vegetarischen Pizza und ein Drittel der großen Thunfisch-Pizza verspeist. Kommen noch die Getränke hinzu, die einen Rechnungsbetrag von 12 Euro ausmachen.
a) Bestimmen Sie den Rechnungsbetrag, den die Pizzeria für die Familie ausstellt.
b) Berechnen Sie den Betrag, den Mario zahlen muss.
c) Bestimmen Sie den Zahlbetrag der Eltern.

2. Die Zutaten für einen speziellen Kuchen sind:
$\frac{3}{50}$ kg Mehl; $\frac{1}{20}$ kg Zucker, 6 Esslöffel Öl (1 Esslöffel Öl wiegt ca. $\frac{1}{100}$ kg) und drei Eier (1 Ei wiegt $\frac{7}{100}$ kg).
a) Berechnen Sie, wie schwer der Teig vor dem Backen ist.
b) Nach dem Backen wiegt der Kuchen nur noch $\frac{9}{10}$ des ursprünglichen Teiggewichts. Berechnen Sie das Gewicht des fertigen Kuchens.

3. Ein Handwerker, der sich mit der Ich-AG selbstständig gemacht hat, nimmt fürs Pflastern 2 Euro pro Quadratmeter.
a) Berechnen Sie, wie viel Lohn der Pflasterer für eine Fläche erhält, die eine Länge von $6\frac{2}{3}$ Meter und eine Breite von $7\frac{1}{5}$ Meter hat.
b) Berechnen Sie den Verdienst für die oben beschriebene Fläche, wenn er nun pro halben Quadratmeter 1,50 Euro nehmen würde.
c) Berechnen Sie den Quadratmeterpreis, den der Handwerker nehmen müsste, damit er bei der genannten Fläche einen Verdienst in Höhe von 156 EUR hat.

3 Gleichungen und Ungleichungen

Viele Dinge in unserem Umfeld stehen in Beziehung zueinander. Beispielsweise hat ein gutes Mathebuch seinen Preis; die Anzahl der Bücher steht wiederum im Verhältnis zum Zahlbetrag: Je mehr Bücher jemand kauft, umso mehr muss er zahlen. Mathematisch kann für dieses Verhältnis die Gleichung „Preis · Menge = Zahlbetrag" aufgestellt werden. Ist die Menge noch nicht bekannt, können Platzhalter in Form von Variablen verwendet werden. Statt Rechnungen wie: „Wenn ich drei Bücher kaufe, dann ...; wenn ich vier Bücher kaufe, dann ... usw." zu wiederholen, lässt sich der Sachverhalt durch eine Gleichung mit einer geeigneten Lösungsvariablen x darstellen: Preis $\cdot\, x$ = Zahlbetrag.

Soll ein bestimmter Zahlbetrag nicht überschritten werden, kann dies mathematisch durch eine Ungleichung beschrieben werden: Preis $\cdot\, x \leq$ Zahlbetrag. Entsprechend folgt für den Fall, dass der Zahlbetrag nicht unterschritten werden soll, die Ungleichung: Preis $\cdot\, x \geq$ Zahlbetrag.

Nach dem Bearbeiten dieses Kapitels sind Sie in der Lage,

- Gleichungen durch Ausprobieren zu lösen,
- Gleichungen mithilfe von Äquivalenzumformungen zu lösen,
- Variablen als Platzhalter in Gleichungen und Ungleichungen zu verwenden,
- aus realen Problemstellungen Gleichungen bzw. Ungleichungen zu modellieren,
- Aufgabenstellungen mathematisch als Gleichungen oder Ungleichungen zu formulieren
- besondere Regeln beim Lösen von Ungleichungen zu berücksichtigen.

3.1 Gleichungen

Der Lieblingssport der Deutschen ist der Fußball. Viele hoffen gespannt auf den Sieg ihrer Mannschaft, andere orakeln mithilfe von Spielstatistiken. Dass auch im Sport Verhältnisse durch Gleichungen darstellbar sind, zeigt die folgende Lernsituation.

Lernsituation: Fußballstatistik Teil 1

Der Fußball-Bundesligist FSV Mainz 05 hat in der Saison 2017/2018 nach 32 Spieltagen insgesamt 33 Punkte erspielt. Davon endeten neun Spiele mit einem Unentschieden.

Berechnen Sie die Anzahl der bis dahin gewonnenen Spiele.

Info:

- Sieg = 3 Punkte
- Unentschieden = 1 Punkt
- Niederlage = 0 Punkte

Lösungen

Es gibt für einen Sieg drei Punkte, für ein Unentschieden einen Punkt und für ein verlorenes Spiel keinen Punkt.

Lösung durch Ausprobieren:

Sieg	Unentschieden	Niederlage	Punkte
0	9	23	9
1	9	22	12
2	9	21	15
3	9	20	18
4	9	19	21
5	9	18	24
6	9	17	27
7	9	16	30
8	9	15	33
9	9	14	36
10	9	13	39

Aus der Tabelle ist ersichtlich, dass bis zum 32. Spieltag der FSV Mainz 05 insgesamt acht Spiele gewonnen hat.

Lösung durch Gleichung:

Wie oben erwähnt gibt es für einen Sieg drei Punkte, für ein Unentschieden einen Punkt und für ein verlorenes Spiel keinen Punkt. Es muss also eine Gleichung der folgenden Form gelöst werden:

3 Punkte · Siege + 1 Punkt · Unentschieden + 0 Punkte · Niederlagen = 33 Punkte

Da die Anzahl der unentschiedenen Spiele bekannt ist und Niederlagen in der Gleichung mit Null bewertet werden, lässt sich obige Gleichung wie folgt reduzieren:

3 Punkte · Siege + 1 Punkt · 9 = 33 Punkte

Statt das Wort „Siege" jeweils auszuschreiben, wird die Variable „x" als Platzhalter verwendet. Es folgt eine Gleichung mit x, deren Gleichungsseiten auf einer Waage im Gleichgewicht verteilt sind:

$$3x + 9 \quad = \quad 33$$

Werden die unentschiedenen Spiele herausgerechnet, so fällt auf der linken Seite der Gleichung (= Waage) die Information „9-mal Unentschieden ≙ 9 Punkte" weg. Auf der rechten Seite dürfen daher nicht mehr 33 Punkte für die Siege angerechnet werden, sondern nur noch 24 Punkte.

Mathematisch wird nun eine Äquivalenzumformung auf beiden Seiten der Gleichung durchgeführt: Auf beiden Seiten der Gleichung wird 9 subtrahiert.

$$3x \quad = \quad 24$$

Damit die Gleichung nach der Lösungsvariablen x aufgelöst werden kann, muss auf beiden Seiten durch 3 dividiert werden.

$$x \quad = \quad 8$$

Aus der umgeformten Gleichung ist erkennbar, dass bis zum 32. Spieltag der FSV Mainz 05 insgesamt $x = 8$ Spiele gewonnen hat.

In der Lösung zur vorangegangenen Lernsituation wurde eine Variable verwendet, die für die spätere Unterscheidung genauer definiert werden soll:

Definition

Enthält eine Gleichung eine Unbekannte x, nach der aufgelöst werden soll, so nennt man diese die **Lösungsvariable der Gleichung**.

Hinweis: Statt x kann die Lösungsvariable auch anders benannt werden.

Die Lösung einer Gleichung erhält man durch Äquivalenzumformungen, die wie in der Lernsituation jeweils auf beiden Seiten der Gleichung durchgeführt werden. Soll nach der Lösungsvariablen x aufgelöst werden, müssen zu den vorhandenen Rechenoperationen nacheinander die Gegenoperationen durchgeführt werden. Wird wie im Beispiel die 9 addiert (+), so ist die Gegenoperation die Subtraktion (–) von 9. Die Gegenoperation zur Multiplikation (·) von 3 bei $3x$ ist die Division (:) durch 3. Beachte: Die Division durch Null ist nicht möglich!

AUFGABEN

1. Lösen Sie nach x auf.
a) $15x - 38 = 24x - 29$
b) $26 + 17x = 11x + 23$

2. Lösen Sie nach x auf.
a) $18 - 5x - 7 = 12x + 11 - 17x$
b) $18x + 17 - 23x = 14 - 11x - 15$

3. Lösen Sie nach x auf.
a) $4x + (3x + 13) = -8$
b) $8x - (7 + 11x) = 5$

4. Lösen Sie nach x auf.
a) $5x - (4 - 7x) = 2$
b) $5x - (8 + 9x) + 12 = 0$

5. Lösen Sie nach x auf.
a) $7x - (2x - 9) + (3x + 8) - (5x + 6) = 5$
b) $(4x - 5) - 6 = 12x - (x + 4) - (3x + 7)$

6. Lösen Sie nach x auf.
a) $14x + (11x - 19) - (13x - 15) = 25 - (17 - 15x)$
b) $26x - (14 + 19x) + (25 + 21x) = 29 - (-23x + 18)$

7. Lösen Sie nach x auf.
a) $17 - (13 - 9x) + (16x - 9) = (15x - 22) - (7 - 4x)$
b) $12 - (16 - 15x) + (11 - 9x) = (25 - 19x) - (13 - 23x)$

8. Lösen Sie nach x auf.
a) $7x - [14 - (2x + 5)] = 18 - [3x + (15 - 4x)]$
b) $4x - [7 - (x + 15)] = 11 - [5x - (3x - 17)]$

9. Lösen Sie nach x auf.

a) $21x - [9 - (5x - 6) + 8x] = 15 - [(4x - 7) - (6x - 5)]$

b) $19 - [13x - (22 + 7x) + 11] = 24x - [(15 - 4x) + (5x - 16)]$

10. Lösen Sie nach x auf.

a) $12x - [14 - (9x - 11)] = 24x - [18 - (17x + 13)]$

b) $17 - [13x - (15 - 19x) - 21x] = 25 - [(11x - 23) - (18x - 7)]$

11. Lösen Sie nach x auf.

a) $5(3x - 4) = 7(2x - 3)$ b) $3(6x - 9) = 9(2x - 3)$

12. Lösen Sie nach x auf.

a) $8(4x - 3) = 4(5x - 6)$ b) $3(7x - 9) = 4(6x - 7)$

13. Lösen Sie nach x auf.

a) $8 - 7(3x + 2) = 9x - 6(5x + 1)$ b) $3x - 2(5x - 8) = 9 - 4(3x + 7)$

14. Lösen Sie nach x auf.

a) $5(3x - 8) + 3(7x + 6) = 6(8x + 3) - 4(2x + 5)$

b) $8(4x + 3) - 5(6x - 5) = 4(9x + 4) - 7(4x - 5)$

15. Lösen Sie nach x auf.

a) $5(8x + 5) - 4(3x + 4) - 2(11x - 17) = 25 - 3(5x - 7) + 6(3x - 2)$

b) $(2x - 3)7 - (x - 2)6 - (5x - 6)2 = 26 - (3x - 4)4 + (6x - 5)3$

16. Der Fußball-Bundesligist FC Bayern München hat nach 25 Spieltagen der Saison 2017/2018 insgesamt nur zwei Spiele verloren. Der Punktestand zu dem Zeitpunkt beträgt 63 Punkte.

Berechnen Sie die Anzahl der bis dahin gewonnenen Spiele.

Info:

- Sieg = 3 Punkte
- Unentschieden = 1 Punkt
- Niederlage = 0 Punkte

17. Eine technische Anlage, auf der Pfandflaschen gereinigt werden, benötigt 20 Minuten für die Selbstreinigung. Im Schnitt dauert es zwei Minuten, bis eine Flasche die Anlage durchlaufen hat und gereinigt ist. Nach einer Schicht (acht Stunden) muss die Anlage gestoppt werden, damit sie sich zu Beginn einer neuen Schicht selbst reinigen kann. Berechnen Sie die Anzahl der Flaschen, die während einer Schicht vollständig gereinigt werden können.

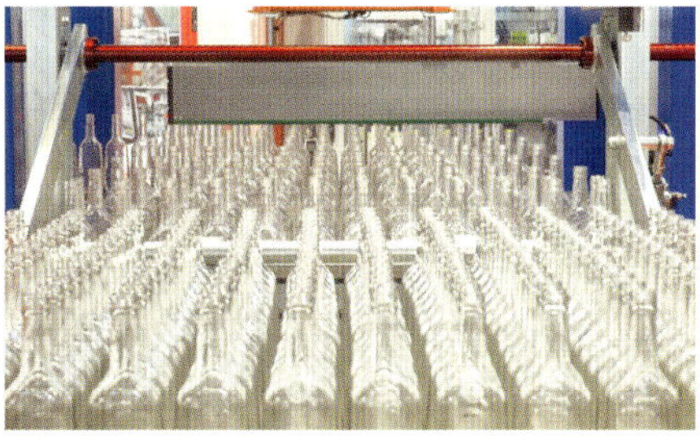

18. Ein Unternehmen erzielt mit dem Verkauf von Produkt A einen Stückgewinn von 4,00 €. Mit einem weiteren Produkt erzielt das Unternehmen einen Stückgewinn in Höhe von 5,00 €. Von diesem Produkt können insgesamt 12 000 Stück in einem Zeitraum verkauft werden. Im letzten Abrechnungszeitraum hatte das Unternehmen einen Gesamtgewinn in Höhe von 105 440,00 €. Berechnen Sie die verkaufte Menge von Produkt A in dem genannten Zeitraum.

19. Mit dem Verkauf von 47 Gartenstühlen erzielt ein Handelsunternehmen einen Gewinn in Höhe von 827,65 €. Die Gesamtkosten, die das Unternehmen für die Stühle hat, betragen 1 050,00 €. Berechnen Sie den Preis eines Stuhls.
Tipp: Gewinn = Erlös – Kosten; Erlös = Preis · Menge

20. Für einen Sandkuchen benötigt man folgende Zutaten:

250 g Butter (sehr weich)

200 g Zucker (feinste Raffinade)

1 Paket Vanillinzucker (ca. 8 g)

4 Eier

125 g Mehl

125 g Speisestärke

Abgesehen von Verdunstungen beim Backen, die ca. 8 g ausmachen, wiegt der fertige Kuchen 928 g. Berechnen Sie das Gewicht eines (Durchschnitts-)Eies.

21. In einem Schuljahr hat ein Schüler vier Klassenarbeiten geschrieben. Da die letzte Klassenarbeit kurz vor der Notengebung angesetzt wurde, erhält der Schüler seine schriftliche Durchschnittsnote vor der Rückgabe der letzten Klassenarbeit. Der Lehrer teilt ihm mit, dass er schriftlich auf eine Durchschnittsnote von 2,5 kommt. Die Ergebnisse der ersten drei Klassenarbeiten waren 2, 4 und 3. Berechnen Sie die Note der 4. Klassenarbeit des Schülers.

22. Bei einem Fußballturnier der C-Jugend treten fünf Mannschaften insgesamt zehnmal gegeneinander an. Jedes Spiel dauert zwölf Minuten. Zwischen den Spielen gibt es jeweils eine Pause. Das erste Spiel beginnt um 12:00 Uhr und das letzte endet um 14:18 Uhr. Berechnen Sie die Dauer einer Pause.

3.2 Ungleichungen

Eine Beziehung zu etwas ist nicht nur dann erfüllt, wenn beide Seiten übereinstimmen. Es besteht auch die Möglichkeit, dass es Obergrenzen oder Untergrenzen gibt, die einzuhalten sind. „Wie viel muss mindestens verkauft werden, damit die Kosten gedeckt sind?“ ist eine beispielhafte Frage, die als Ungleichung mathematisch gelöst werden kann.

Im Folgenden wird das Fußballbeispiel nochmals für das Thema Ungleichungen aufgegriffen.

Lernsituation: Fußballstatistiken Teil 2

Im Fußball werden gerne Statistiken verwendet. So wird zum Ende eines Spiels die Laufleistung eines Spielers angenähert bestimmt oder die Anzahl der Ecken genannt. Spannender wird es, wenn die Frage nach den noch notwendigen Siegen für eine Meisterschaft aufgeworfen wird. Nach dem 22. Spieltag der Bundesligasaison 2017/2018 hat der FC Bayern München als Erstplatzierter 56 Punkte, der Zweite nur 38 Punkte.

Berechnen Sie, wie viele Spiele der FC Bayern München noch mindestens gewinnen muss, damit der Verein nach Punkten frühzeitig als Meister feststeht.

Lösungen

Im schlechtesten Fall für den FC Bayern München gewinnt der Zweitplatzierte alle folgenden Spiele. Somit sind vom 23. bis zum 34. Spieltag jeweils 3 Punkte für den Zweitplatzierten anzurechnen!

Lösung durch Ausprobieren:

Spieltag	FC Bayern München (Punkte)	Zweitplatzierter (Punkte)
Aktuell	56	38
23.	59	41
24.	62	44
25.	65	47
26.	68	50
27.	71	53
28.	74	56
29.	77	59
30.	80	62
31.	83	65
32.	86	68
33.	89	71
34.	92	74

Die zweitplatzierte Mannschaft kann nach aktuellem Stand höchstens 74 Punkte erhalten. Diesen Punktestand hätte der FC Bayern München am 28. Spieltag. Die Mannschaft müsste ausgehend vom 22. Spieltag mindestens siebenmal gewinnen, damit nach Punkten und ohne Berücksichtigung der Tordifferenz die Meisterschaft sicher ist. Es wäre natürlich auch möglich, sechsmal zu gewinnen und einmal unentschieden zu spielen.

Lösung durch Ungleichungen:

Für eine Ungleichung muss eine Lösungsvariable definiert werden:

x = Anzahl der Siege des FC Bayern München

Damit die Meisterschaft nach Punkten sicher ist, müssen die maximal möglichen 74 Punkte des Zweitplatzierten eingeholt werden. Zu den 56 Punkten des Erstplatzierten kommen pro Sieg 3 Punkte dazu, sodass die folgende Ungleichung zu lösen ist:

$$56 + 3x > 74$$

Variante 1:

$$56 + 3x > 74 \quad | -56$$
$$3x > 18 \quad | :3$$
$$x > 6$$

Variante 2:

$$56 + 3x > 74 \quad | -74$$
$$-18 + 3x > 0 \quad | -3x$$
$$-18 > -3x \quad | :(-3)$$
$$6 \overset{!!!}{<} x$$

bzw.

$$x > 6$$

Ausgehend vom 22. Spieltag müssen mehr als sechs Spiele, d.h. mindestens sieben, gewonnen werden.

Da für die definierte Lösungsvariable gilt: $x \in \mathbb{N}$, ist die Lösungsmenge der ausgehenden Aufgabenstellung der Lernsituation „Fußballstatistiken Teil 2“: $L = \{7, 8, 9, 10, 11, 12\}$.

Wäre die Lösungsvariable $x \in \mathbb{R}$, wären auch Werte wie 7,5 oder 10,321 Elemente der Lösungsmenge!

Im letzten Teil der Lösung der Lernsituation „Fußballstatistiken Teil 2“ ist bei der Multiplikation mit einer negativen Zahl das Relationszeichen „>“ zu „<“ umgekehrt worden. Bei Variante 1 sind die Seiten der Ungleichung erhalten geblieben; die Lösungsvariable x ist auf der linken Seite verblieben. In der zweiten Variante sind diese Seiten durch Äquivalenzumformungen getauscht worden; x ist in der dritten Zeile auf der rechten Seite und das Relationszeichen ist „>“ geblieben. Damit dieser Seitenwechsel wieder zum richtigen Ergebnis führt, bewirkt die Division durch die negative Zahl (–3) einen „Rücktausch“ durch das Umdrehen des Relationszeichens.

Merke

Zur **Umformung einer Ungleichung** in eine einfachere äquivalente Ungleichung darf auf beiden Seiten die gleiche Zahl addiert oder subtrahiert, mit der gleichen positiven Zahl multipliziert oder dividiert werden. Bei der Multiplikation oder Division der beiden Seiten einer Ungleichung mit einer negativen Zahl muss die Richtung des Relationszeichens umgekehrt werden.

AUFGABEN

Bringen Sie die Ungleichungen auf ihre einfachste äquivalente Form und bestimmen Sie die Lösungsmenge. Machen Sie Stichproben. $G = \mathbb{Z}$

1.	a) $x + 7 < 12$	b) $x + 4 > 5$	c) $8 \leqq x + 7$	d) $4 > x + 3$
2.	a) $x - 5 > 9$	b) $6 + x \leqq 5$	c) $1 < x + 1$	d) $2 < x - 2$
3.	a) $3x > 6$	b) $5x \geqq 10$	c) $2x < 0$	d) $4x \leqq 8$
4.	a) $2x > -4$	b) $3x \geqq -12$	c) $5x > -5$	d) $6x \leqq -18$
5.	a) $5x \geqq 0$	b) $7x > -8$	c) $4x < 5$	d) $3x < -7$
6.	a) $-2x > 8$	b) $-8x < 16$	c) $-3x \geqq 3$	d) $-4x \leqq 4$
7.	a) $4x + 5 < 17$	b) $3x + 8 > 23$	c) $7x + 2 \leqq 16$	d) $9x + 5 < 14$
8.	a) $6x - 5 > 13$	b) $5x - 14 \geqq 1$	c) $8x + 3 < 11$	d) $7x - 1 \leqq 6$
9.	a) $x - 7 < 3$	b) $x - 5 \leqq 3$	c) $9x - 2 > 6$	d) $5x + 7 \leqq 12$
10.	a) $4 - 3x > 10$	b) $8 - 2x \geqq 12$	c) $3 - 5x \leqq 13$	d) $4 - 6x < 10$

11. a) $4 + 5x > 7x + 10$ b) $4 - x \geqq 2x + 7$ c) $3 - 7x < 13 - 2x$

12. a) $(x + 5)(x - 2) > (x + 2)(x - 1)$ b) $(x - 4)(x - 3) \geqq (x - 2)(x - 6)$

13. Zwei Mitarbeiter eines großen Unternehmens möchten für die Altersvorsorge 15 Jahre lang einen Anteil ihres Gehalts direkt auf ein Sparbuch überweisen lassen. Da das Unternehmen jede Art von Altersvorsorge unterstützt, bietet der Arbeitgeber beiden Sparern zum Anreiz ein auf sie zugeschnittenes Sparmodell an. Mitarbeiter A fängt mit einem Guthaben von 200,00 € an und spart monatlich 40,00 €. Der zweite Mitarbeiter startet mit einem Kapital in Höhe von 1 400,00 € und spart monatlich 30,00 €. Berechnen Sie den Zeitraum, bei dem der erste Sparer ohne Zinsen mehr gespart hat als der andere.

14. In einigen rheinland-pfälzischen Städten findet jährlich eine Berufsorientierungsmesse statt. Für Besucher der Messe in Koblenz, die mit der Bahn anreisen, ist lediglich ein kurzer Fußmarsch von 2 km notwendig, um zum Veranstaltungsort zu gelangen.

Eine Klasse der Berufsfachschule I ist um 9:00 Uhr am Hauptbahnhof Koblenz angekommen. Eine Kleingruppe der Klasse hat die Erlaubnis erhalten, sich noch kurz in einem Zeitschriftengeschäft umzuschauen. Der Rest der Klasse marschiert mit einer Geschwindigkeit von 3 km/h zum Zielort. Die Kleingruppe startet 6 Minuten später, läuft dafür mit 6 km/h deutlich schneller.

a) Berechnen Sie die Zeit, die die Kleingruppe mindestens benötigt, um die anderen Mitschüler einzuholen.
b) Bestimmen Sie die Streckenlänge, die die Schüler zusammen laufen können.

15. Für die Herstellung des Gehäuses des Smartphones Typ 6.0 benötigt eine Maschine 20 Sekunden. Zehn Sekunden länger braucht die Maschine für das Gehäuse des Smartphones Typ 7.0, von dem aktuell an einem Tag 720 Stück hergestellt werden. Produziert wird rund um die Uhr. Berechnen Sie die Anzahl der Gehäuse des Smartphones Typ 6.0, die täglich maximal produziert werden können.

16. In einer modernen Papierfabrik werden pro Minute rund um die Uhr bis zu 2 000 Meter Papier produziert. Dazu wird häufig die Langsiebpapiermaschine eingesetzt, die für die Produktion eine Vorlaufzeit von 2 Tagen benötigt. Pro Minute entstehen durch den Betrieb der Papiermaschine Betriebskosten in Höhe von 200,00 €. Demgegenüber steht ein Papierpreis von 0,20 €/m. Berechnen Sie den Zeitpunkt, ab der der erzielte Umsatz (= Preis · Menge) durch den direkten Verkauf der Produktion größer ist als die bis dahin entstandenen Betriebskosten.

17. Ein Mathematiklehrer bildet die Halbjahresnote als arithmetisches Mittel aus vier Teilleistungen. Steht ein Schüler genau zwischen zwei Noten, so rundet er zugunsten des Schülers, d. h. 3,5 wird zu 3 gerundet, aber 3,75 zu 4.

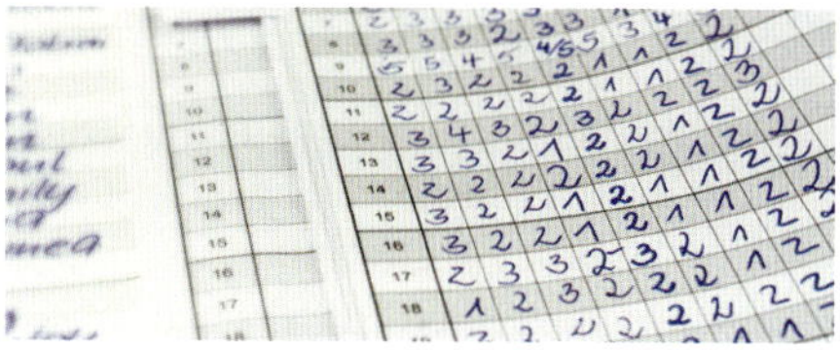

a) Die bisherigen Teilleistungen von Leon sind 5, 3 und 3. Ermitteln Sie mit einer geeigneten Ungleichung, welche Note Leon in der letzten Arbeit (= vierte Teilleistung) mindestens schreiben muss, um eine 3 oder besser zu bekommen.

b) Aylin hat in den ersten drei Teilleistungen die Noten 2, 3 und 3 erhalten. Ermitteln Sie mit einer geeigneten Ungleichung, welche Note Aylin in der letzten Arbeit (= vierte Teilleistung) mindestens schreiben muss, um eine 2 zu bekommen.

c) Colin hat in den ersten drei Teilleistungen die Noten 5, 3 und 5 bekommen. Ermitteln Sie mit einer geeigneten Ungleichung, ob er noch auf eine 5 als Halbjahresnote abrutschen kann.

3.3 Gleichungen und Ungleichungen mit Formvariablen

Sollen neben der Lösungsvariablen mehrere Fälle einer Beziehung betrachtet werden, kann eine weitere Variable eingeführt werden. Diese dient der Fallunterscheidung wie in der folgenden Situation:

Bei den Lernsituationen aus Kapitel 2 hat Herr Weber die abgebildeten Steine mit einer Länge von 1 Längeneinheit (LE) bzw. 2 LE verwendet.

Sollen die Steine auf einer Länge von 20 LE verlegt werden, so gibt es unterschiedliche Möglichkeiten, um dies umzusetzen. So könnte man entweder 20 kleine Steine oder 10 große Steine nutzen. Die Kombination aus 10 kleinen und 5 großen Steinen wäre auch möglich. Definiert man x = „Anzahl kleiner Steine“ und y = „Anzahl großer Steine“, so beschreibt die Gleichung $1 \cdot x + 2 \cdot y = 20$ das Problem.

Möchte man die Anzahl kleiner Steine in Abhängigkeit von der Anzahl der großen Steine untersuchen, so muss nur die obige Gleichung zu $x = 20 - 2 \cdot y$ umgeformt werden. Für y = „10 große Steine“ kommen keine bzw. $x = 20 - 2 \cdot 10$ = „0 kleine Steine“ zum Einsatz. Für den Fall, dass y = „5 große Steine“ verwendet werden sollen, ergibt sich die Notwendigkeit, dass $x = 20 - 2 \cdot 5$ = „10 kleine Steine“ noch zu verlegen sind.

Die Anzahl der großen Steine dient somit der Fallunterscheidung für die Bestimmung der Anzahl kleiner Steine.

Definition

Wird in einer Gleichung oder Ungleichung neben der Lösungsvariablen noch eine weitere Variable verwendet, nach der nicht aufzulösen ist, nennt man diese **Formvariable** oder **Parameter**.

Die Lösung der Lösungsvariablen ist abhängig von der Formvariablen und heißt **Lösungsterm**.

In der Ausgangssituation ist y die Formvariable und $20 - 2 \cdot y$ der Lösungsterm.

Je nachdem nach welcher Variablen aufzulösen ist, kann die Lösungsvariable innerhalb einer Gleichung bzw. Ungleichung wechseln. Zur Veranschaulichung dient die folgende Lernsituation.

Lernsituation: Rhönrad und Einrad

Ein rheinland-pfälzischer Sportverein möchte für die nächste Wintersaison die beiden Sportarten Rhönradturnen und Einradfahren anbieten. Dazu muss die ortsansässige Sporthalle angemietet werden. Für das Rhönradturnen benötigt man zwei Hallenflächen, die Miete hierfür beträgt 40,00 € pro Stunde. Günstiger ist das Einradfahren: Dort rechnet man mit 20,00 € pro Stunde. Das Budget für die beiden neuen Sportarten ist auf 1 000,00 € pro Monat beschränkt.

Fall 1:

Der Vereinsvorstand legt fest, dass für das Einradfahren im Monat 20 Stunden zur Verfügung stehen sollen.

a) Berechnen Sie die für das Rhönradturnen maximal zur Verfügung stehende Zeit im Monat unter der Voraussetzung, dass das Budget nicht überschritten wird.

Fall 2:

Der Vereinsvorstand setzt für das Rhönradturnen ein monatliches Zeitkontingent von 15 Stunden fest.

b) Berechnen Sie die maximal zur Verfügung stehende Zeit pro Monat für das Einradfahren.

Lösungen

Bevor die Teilaufgaben gelöst werden, sollten geeignete Variablen definiert werden:

x = Anzahl der Stunden, die dem Rhönradturnen monatlich zur Verfügung stehen,

y = Anzahl der Stunden, die dem Einradfahren monatlich zur Verfügung stehen.

a) Da in Fall 1 die Stundenanzahl des Einradfahrens festgelegt wurde, kann entweder $y = 20$ gesetzt oder die Variable y als **Formvariable** angesehen werden. Die aus dem Fall resultierende Ungleichung

$40x + 20y \leqq 1000$

muss nach ihrer **Lösungsvariablen** x aufgelöst werden:

$$40x + 20y \leqq 1000 \quad | -20y$$
$$40x \leqq 1000 - 20y \quad | :40$$
$$x \leqq 25 - 0{,}5y$$

Wird $y = 20$ in den **Lösungsterm** $25 - 0{,}5y$ eingesetzt, folgt die Ungleichung:

$x \leqq 25 - 0{,}5 \cdot 20$ bzw. $x \leqq 15$

Für das Rhönradturnen stehen unter den genannten Umständen im Monat maximal 15 Stunden zur Verfügung.

Löst man eine Ungleichung mit Formvariablen, ergibt sich der Vorteil, dass neue Problemsituationen (z.B. eine Reduzierung der Stundenanzahl des Einradfahrens auf $y = 12$) schnell gelöst werden können:

$x \leqq 25 - 0{,}5 \cdot 12 = 19$

In dem Fall würden maximal 19 Stunden für das Rhönradturnen im Monat zur Verfügung stehen.

b) Im Fall 2 ist die Stundenanzahl des Rhönradturnens festgelegt. Die Formvariable ist in dieser Situation x! Die bekannte Ungleichung $40x + 20y \leqq 1000$ muss nach der **Lösungsvariablen y** aufgelöst werden:

$$40x + 20y \leqq 1000 \quad | -40x$$
$$20y \leqq 1000 - 40x \quad | :20$$
$$y \leqq 50 - 2x$$

Werden dem Rhönradturnen monatlich 15 Stunden eingeräumt, stehen dem Verein für das Einradfahren maximal $50 - 2 \cdot 15 = 20$ Stunden zur Verfügung.

AUFGABEN

Für die nächsten sechs Aufgaben sei x die Lösungsvariable.

1. a) $6x + 5a = 4x + 9a$ b) $17a + 7x = 29a + 4x$

2. a) $2(3x + 4a + 2) = 5(x + 2a + 1)$ b) $7(x + 2a + 1) = 5(x + 4a + 3)$

3. a) $(8x + 7) - (3x + 5 - 7a) = (5x - 6) - (2x - 8 - 11a)$
b) $(9x - 4) - (4x - 5 + 2b) = (8x + 7) - (5x + 6 - 4b)$

4. a) $6x + 5a < 4x + 9a$ b) $17a + 7x > 29a + 4x$

5. a) $2(3x + 4a + 2) < 5(x + 2a + 1)$ b) $7(x + 2a + 1) > 5(x + 4a + 3)$

6. a) $(8x + 7) - (3x + 5 - 7a) < (5x - 6) - (2x - 8 - 11a)$
b) $(9x - 4) - (4x - 5 + 2b) > (8x + 7) - (5x + 6 - 4b)$

7. Für die Herstellung von Schreibheften benötigt ein Unternehmen für das Zusammenheften Klammermaschinen. Für Heft Nr. 74 braucht eine Spezialheftmaschine 2 Sekunden, für Heft Nr. 78 drei Sekunden. Da immer blockweise produziert wird, stehen für die Herstellung der beiden ähnlichen Heften täglich 60 Minuten auf der Spezialmaschine zur Verfügung.

a) Berechnen Sie die Höchstmenge der Hefte mit der Nr. 74, die täglich geheftet werden können, wenn von Nr. 78 insgesamt 800 Stück (750 Stück, 1200 Stück oder 600 Stück) die Spezialmaschine durchlaufen.
b) Berechnen Sie die tägliche Höchstmenge von Heft Nr. 78, die geheftet werden kann.

8. Ein Hersteller von Bürolochern rechnet für sein Premiumprodukt mit variablen Stückkosten in Höhe von 5 €. Das sind 2 € pro Stück mehr als für das Standardprodukt „Bürolocher B". Ein von der Geschäftsleitung bestimmtes Budget schreibt der Produktionsabteilung vor, dass die variablen Kosten nicht höher als 13 500 € am Tag sein dürfen.

a) Bestimmen Sie für die Situation eine geeignete Ungleichung und formen Sie nach der Lösungsvariablen „x = Anzahl des Premiumprodukts" um.
b) Berechnen Sie die maximale Produktionsmenge des Standardprodukts, wenn von dem Premiumprodukt täglich 1200 Stück produziert werden.
c) Beschreiben Sie, was die Ungleichung $y \leqq \frac{13\,500}{3} - \frac{5}{3}x$ im Sachzusammenhang bedeutet.

3.4 Zusammenfassung

- Sind zwei Terme mit einem Gleichheitszeichen verbunden, so spricht man von einer **Gleichung**.
- Steht statt des Gleichheitszeichens ein Relationszeichen (<, >, ≦, ≧), so heißt der Ausdruck **Ungleichung**.
- Enthält eine Gleichung oder Ungleichung eine Unbekannte (zumeist x), nach der aufzulösen ist, nennt man diese **Lösungsvariable** der Gleichung.
- Enthält eine Gleichung oder Ungleichung neben der Lösungsvariablen noch eine weitere Variable, nach der nicht aufzulösen ist, nennt man diese **Formvariable** oder **Parameter**. Die Lösung der Lösungsvariablen ist abhängig von der Formvariablen und heißt **Lösungsterm**.
- Gleichungen und Ungleichungen können durch Ausprobieren oder durch **Äquivalenzumformung** gelöst werden.

- **Äquivalenzumformung**:
  - Auf beiden Seiten einer Gleichung wird jeweils dieselbe Rechenoperation durchgeführt mit dem Ziel, die Lösungsvariable zu isolieren.
  - Man führt Gegenoperationen zu den Rechenoperationen aus, die auf der Gleichungsseite mit der Lösungsvariable vorhanden sind.
  - Die Gegenoperation zur Addition (+) ist die Subtraktion (–) und die Gegenoperation zur Multiplikation (·) ist die Division (:).
  - Bei Multiplikation und Division ist das Distributivgesetz zu beachten, falls eine Seite einer Gleichung eine Summe ist.
  - Beispielsweise wird aus $2 + 4x = 0{,}5\,y$ durch Multiplikation mit 2 die Gleichung

    $2 \cdot (2 + 4x) = 2 \cdot 0{,}5\,y$

    $2 \cdot 2 + 2 \cdot 4\mathrm{x} = 2 \cdot 0{,}5\,y$

    $4 + 8x = y$.
  - Wird bei einer Ungleichung mit einer negativen Zahl multipliziert oder durch eine negative Zahl dividiert, so dreht sich das Relationszeichen um: aus $<$ wird $>$, aus $\leqq$ wird $\geqq$ und umgekehrt.

3.5 Vermischte Aufgaben

1. In einem kleinen Krämerladen ergab sich kürzlich folgendes Bild:

a) Berechnen Sie das Gewicht einer Flasche.

b) Der Flascheninhalt macht $\frac{4}{5}$ des Gesamtgewichts der Flasche aus. Berechnen Sie das Gewicht des Inhalts.

2. Für 20 Euro erhält man 5 Tafeln einer besonderen Schokolade und 2 Schachteln Pralinen, die insgesamt einen Gegenwert von 8 Euro haben.

a) Berechnen Sie den Preis der besonderen Tafel Schokolade.

b) Nimmt man von der besonderen Schokolade ein Fünftel weniger und dazu 3 Schachteln Pralinen, erhält man den gleichen Gegenwert, als würde man 1,60 Euro zum alten Budget (20 Euro) addieren. Stellen Sie mit der Variablen x aus a) die zugehörige Gleichung auf und bestätigen Sie den Preis der Tafel Schokolade.

3. Ein Produkt durchläuft bei der Herstellung zwei Maschinen, die nach einer gewissen Produktionsmenge unterschiedlich lang gereinigt werden müssen. 6 Minuten lang dauert die Bearbeitung des Produktes auf Maschine 1 und 5,5 Minuten auf Maschine 2. Nach einer Menge x wird die Maschine 1 für 10 Minuten und die Maschine 2 für 20 Minuten gereinigt.

Für eine Prozedur, d.h. für die Herstellung der Menge x und die anschließende Reinigung werden beide Maschinen gleich lang beansprucht.

a) Berechnen sie die Menge x des Produktes, die während einer Prozedur hergestellt wird.
b) Bestimmen Sie die Dauer einer Prozedur.

4. Zwei Zahlen unterscheiden sich um 6. Das Vierfache der kleineren Zahl ist um 5 kleiner als das Dreifache der größeren Zahl. Wie lauten die beiden Zahlen?

5. Das Dreifache einer um 1 verminderten Zahl ist halb so groß wie das Fünffache der um 2 vermehrten Zahl. Wie heißt die Zahl?

6. Das Vierfache einer um 3 vermehrten Zahl ist dreimal so groß wie das Doppelte der um 3 verminderten Zahl. Wie heißt die Zahl?

7. Vier Ziegelsteine wiegen 4 kg. Wie viel wiegt ein Ziegelstein?

8. Ein Kessel wiegt mit Deckel 30 kg. Der Kessel ist fünfmal so schwer wie der Deckel. Wie viel kg wiegt der Kessel und wie viel kg der Deckel?

9. Herr Flott kauft 1 Paar Schuhe und 1 Paar Socken für zusammen 88,00 EUR. Die Schuhe kosten 76,00 EUR mehr als die Socken. Wie viel EUR kosten die Schuhe und wie viel EUR die Socken?

10. Ein Vater ist jetzt 30 Jahre alt, sein Sohn 1 Jahr. Nach wie vielen Jahren wird der Vater doppelt so alt wie der Sohn sein?

11. Ein Vater ist jetzt 42, sein Sohn 14 Jahre alt. Vor wie vielen Jahren war der Vater achtmal so alt wie der Sohn?

12. Setzt man im Musiksaal 5 Schüler auf jede Bank, so haben 2 Schüler keinen Platz. Setzt man dagegen 6 Schüler auf jede Bank, so kommen auf die letzte Bank nur 2 Schüler. Wie viele Bänke sind vorhanden und aus wie vielen Schülern besteht die Klasse?

13. Zahlt jeder Schüler 8,00 EUR für die Fahrtkosten des Schulausfluges, so bleiben 14,00 EUR übrig. Zahlt dagegen jeder 7,00 EUR, so fehlen 14,00 EUR an der Rechnungssumme. Aus wie vielen Schülern besteht die Klasse und wie hoch ist der Rechnungsbetrag?

14. Jerôme besitzt 12,00 EUR. Larissa sagt zu ihm: „Wenn ich um die Hälfte mehr hätte als jetzt, so würdest du nur halb so viel wie ich haben." Wie viel EUR hat Larissa jetzt?

4 Dreisatzrechnung

Die Dreisatzrechnung ist ein grundlegender Baustein des kaufmännischen Rechnens. Neben den drei in diesem Kapitel vorgestellten Verfahren gibt es viele weitere Methoden und Regeln, um Dreisatzaufgaben zu lösen. Alle Verfahren haben gemeinsam, dass anhand der Problemstellung festgestellt werden muss, ob es sich um einen Dreisatz mit geradem Verhältnis – also um einen proportionalen Dreisatz – oder um einen Dreisatz mit ungeradem Verhältnis – also einen ungeraden oder antiproportionaler Dreisatz – handelt.

Nach dem Bearbeiten dieses Kapitels sind Sie in der Lage,

- proportionale und antiproportionale Verhältnisse in realitätsnahen Problemstellungen zu erkennen,
- Dreisatzrechnungen mit verschiedenen Verfahren durchzuführen,
- zusammengesetzte Dreisatzaufgaben zu lösen und
- die Dreisatzrechnung in komplexen Problemstellungen situationsgerecht anzuwenden.

4.1 Der einfache Dreisatz

4.1.1 Proportionaler Dreisatz

Dem Schild der Eisdiele (siehe Abb. vorherige Seite) ist zu entnehmen, dass drei Kugeln Eis 2,40 € kosten, für vier Kugeln bezahlt man insgesamt 3,20 €. Es liegt in beiden Fällen also ein Preis von 0,80 € für eine Kugel Eis zugrunde.

Möchte man nun beispielsweise fünf Kugeln Eis kaufen, so kann man mithilfe der beiden zusammengehörigen Werte „drei Kugeln Eis kosten 2,40 €" leicht auf die Kosten der gewünschten Portion mit fünf Kugel Eis schließen, indem die Dreisatzrechnung genutzt wird:

Definition

Bei einer einfachen **Dreisatzrechnung** schließt man mithilfe von drei gegebenen Werten auf die gesuchte vierte Größe.

Man unterscheidet zwischen dem **proportionalen** (Dreisatz mit geradem oder direktem Verhältnis) und dem **antiproportionalen** Dreisatz (Dreisatz mit ungeradem oder indirektem Verhältnis).

Ist wie beim Eisbeispiel der Quotient aller zueinander gehörigen Werte gleich $\left(\frac{2{,}40\,€}{3\text{ Kugeln}} = \frac{3{,}20\,€}{4\text{ Kugeln}} = \dots = \frac{0{,}80\,€}{1\text{ Kugel}}\right)$, wendet man den proportionalen Dreisatz an. Stellt man zwei solcher Quotienten in einer Gleichung gegenüber, so spricht man von einer **Verhältnisgleichung**.

In der folgenden Lernsituation werden die Begriffe und die Anwendung der Verfahren verdeutlicht.

Lernsituation: Fahrscheine Teil 1

Eine Kleingruppe von vier erwachsenen Personen möchte von Mainz-Mombach nach Zornheim fahren. Die Verkehrsbetriebe bieten unterschiedliche Fahrscheintarife an. Je nach Entfernung von Start- und Zielort gibt es z. B. Einzeltickets, Tageskarten und Gruppentickets.

Der Rhein-Main-Verkehrsverbund bietet für die Strecke von Mainz-Mombach nach Zornheim den folgenden Tarif an. Leider ist der Monitor des Fahrscheinautomaten nicht ganz intakt, sodass sich nicht alle Informationen lesen lassen:

Einzelfahrschein				Beispiel:
	Erwachsene	Einfache Fahrt	[redacted]	Ein Paar bezahlt für eine einfache Fahrt 5,60 €.

Berechnen Sie die Fahrtkosten für die Kleingruppe für den Fall, dass vier Einzelfahrscheine gezogen werden.

Lösung:

Lösung mit proportionalem Dreisatz

Die Aufgabe kann mit dem proportionalen Dreisatz gelöst werden, da der Quotient $\frac{5{,}60\,€}{2 \text{ Personen}}$ gleich mit sämtlichen Quotienten der Form $\frac{\text{Ticketkosten für } x \text{ Fahrgäste in } €}{\text{Anzahl der Fahrgäste } (x)}$ = Ticketpreis für eine Person in € ist.

Mithilfe der beiden zugehörigen Größen „2 Fahrgäste“ und „Ticketkosten in Höhe von 5,60 € pro Fahrt“ sowie die zum gesuchten Wert gehörige gegebene Größe „4 Fahrgäste“ schließt man auf die Kosten für 4 Personen. Zunächst wird auf 1 Fahrgast heruntergerechnet und anschließend auf eine Anzahl von 4 Fahrgästen wieder hochgerechnet:

	Anzahl der Fahrgäste	Fahrtkosten (einfache Fahrt)	
	2	**5,60 €**	
: 2	1	**2,80 €**	: 2
· 4	4	**11,20 €**	· 4

Halbiert man die Anzahl der Fahrgäste, so werden auch die gesamten Fahrtkosten durch 2 geteilt. Wird die Anzahl der Fahrgäste vervierfacht, so auch die Fahrtkosten.

Es fällt auf: Je weniger Fahrgäste mitfahren, desto geringer sind die Fahrtkosten bzw. je mehr Fahrgäste mitfahren, desto höher sind die Kosten.

In der Lernsituation bezahlt die Kleingruppe für vier Fahrtickets 11,20 €.

Lösung durch Schlusssatz

Hierbei handelt es sich um den klassischen Dreisatz. Er besteht aus den drei Sätzen Bedingungssatz, Fragesatz und Antwortsatz.

1. Bedingungssatz:	2 Personen	5,60 €
2. Fragesatz:	4 Personen	x €
3. Antwortsatz:	$x = \frac{5{,}60\,€ \cdot 4}{2} =$	11,20 €

Auch hier gilt: Die Kleingruppe bezahlt 11,20 € für vier Fahrtickets.

Lösung mit Verhältnisgleichung

Egal wie viele Personen mitfahren, für den Fall des Einzelticketkaufs bezahlt jede Person 2,80 €. Die wie oben bereits beschriebene Quotientengleichheit $\left(\frac{5{,}60\,€}{2\text{ Personen}} = \frac{2{,}80\,€}{1\text{ Person}} = \dots\right)$ führt zu der folgenden **Verhältnisgleichung**:

$$\frac{5{,}60\,€}{2\text{ Personen}} = \frac{x\,€}{4\text{ Personen}}.$$

Es wird nach x aufgelöst, indem mit „4 Personen" multipliziert wird. Daraus folgt:

$$x = \frac{5{,}60\,€}{2\text{ Personen}} \cdot 4\text{ Personen} = 11{,}20\,€.$$

Das Ergebnis zeigt auch hier: 4 Personen zahlen für 4 Tickets insgesamt 11,20 €.

Ein proportionaler Dreisatz liegt vor, wenn sich die Größen in dieselbe Richtung („je mehr ... desto mehr ..." oder „je weniger ... desto weniger ...") verändern. Die Lösung kann auf verschiedenen Wegen ermittelt werden. Neben der Verhältnisgleichung wurde die Lösung mithilfe einer Tabelle und durch den Schlusssatz vorgestellt.

AUFGABEN

1. Berechnen Sie die gesuchte Menge.

	gegeben		gesuchte Menge für €
	Menge	Preis €	
a)	20 kg	322,80	133,40
b)	280 ℓ	68,30	40,20
c)	8,6 m	32,96	48,90
d)	4,3 m	90,73	23,68
e)	17 ℓ	203,83	113,40
f)	80 ℓ	930,40	123,60

	gegeben		gesuchte Menge für €
	Menge	Preis €	
g)	30 kg	48,30	16,40
h)	28,3 m	430,33	24,60
i)	13,6 kg	20,80	70,16
j)	768,4 kg	10 380,20	11 423,60
k)	60,3 kg	342,66	492,83
l)	260 ℓ	193,67	381,60

2. Berechnen Sie den gesuchten Preis.

	gegeben		gesucht € für Menge 2
	Menge 1	Preis €	
a)	2 000 St	7 300,00	125 St
b)	125 m	878,75	320 m
c)	15 kg	25,05	4 kg
d)	1 000 g	11 210,00	56 g
e)	5 dz	2 365,00	40 kg

	gegeben		gesucht € für Menge 2
	Menge	Preis €	
f)	3,5 Std	74,55	20 min
g)	2 hℓ	124,00	0,5 ℓ
h)	5,25 m	6,30	9 m
i)	17 St	4 986,78	3 St
j)	125 g	262,50	300 g

3. 58 Liter eines Fassweines kosten 159,50 €. Für eine Party möchte ein Kunde 25 Liter kaufen. Wie viel muss er bezahlen?

4. Der Transport von 4 000 t Schüttgut kostet auf einem Rheinschlepper ab Duisburg zum Bestimmungshafen 43 860,00 €. Wie viel kostet der Transport von 825 t?

5. Bei einem Kredit über 85 000,00 € fallen in 4 Monaten 2 266,67 € Zinsen an. Wie viel Zinsen wären bei diesem Kredit nach 9 Monaten zu zahlen?

6. Ein Lkw verbraucht auf einer Strecke von 320 km 95,46 Liter Dieselkraftstoff. Wie viel Liter Dieselkraftstoff würde er auf 935 km bei gleichem Verbrauch benötigen?

7. Ein Einzelhändler bestellt im Großhandel 165,7 kg Nudeln. 775,3 kg kosten 1 989,09 €. Wie viel muss er für die bestellten Nudeln bezahlen?

8. Ein Hauseigentümer verbraucht in 150 Tagen zur Beheizung seines Hauses 3 840 ℓ Heizöl.

a) Wie viel Heizöl braucht er in 365 Tagen?
b) Wie hoch ist sein täglicher Durchschnittsverbrauch?

9. In einem Fuhrunternehmen fallen für 20 Lastkraftwagen Kosten in Höhe von 1 576 560,00 € an. Um welchen Betrag würden sich die Kosten bei einer Anschaffung von weiteren 3 Lastkraftwagen erhöhen?

10. Eine elektronische Datenverarbeitungsanlage wertet 19 500 Fragebogensätze in 5 Stunden und 25 Minuten aus. Wie lange braucht sie für 10 Fragebogensätze?

11. Ein Lieferwagen verbraucht auf 100 km durchschnittlich 14,2 Liter Kraftstoff. Wie viel Liter braucht er auf einer Strecke von 375 km?

12. Zu seinem Geburtstag möchte Jonah in seiner Klasse Muffins ausgeben. Er hat im Internet das folgende Grundrezept gefunden. Die angegebenen Mengen reichen für 24 Muffins.

250 g Mehl

250 g Butter

150 g Zucker

4 Eier

4 Esslöffel Milch

Backpulver

In Jonahs Klasse sind 28 Schülerinnen und Schüler. Er kalkuliert je Schüler drei Muffins und je einen für seine sechs Lehrer. Berechnen Sie, wie viele Eier und wie viel Butter Jonah braucht.

13. Ein Internetanbieter hat sich auf den Verkauf von Nagellacken spezialisiert. Die Farbpalette der Nagellacke beinhaltet insgesamt 213 Farbtöne, die in ganz unterschiedlichen Mengen gekauft werden können. Es gibt ein versandkostenfreies Angebot, bei dem die Kunden fünf Nagellacke zu einem Gesamtpreis von 14,60 € erwerben können.

a) Berechnen Sie für das besondere Angebot den Gesamtpreis, wenn acht Nagellacke verkauft werden sollen.
b) Begründen Sie, warum die Dreisatzrechnung zur Lösung der Teilaufgabe a) nicht infrage kommt, wenn pro Paket zusätzlich noch Versandkosten zu zahlen wären.

14. Für vier Einzeltickets eines Spiels des Fußball-Drittligisten Karlsruher SC bezahlt eine Zuschauergruppe mit Vollzahlern 132,00 €. Eine Person, die in der Saison 14 Spiele schauen möchte, zahlt insgesamt 462,00 €. Die folgende Tabelle enthält die Preise für Dauerkarten.

Dauerkarten 2017/2018	Vollzahler	Ermäßigt
Haupttribüne Empore (G1–G4, G7–G10)	499,00 €	469,00 €
Haupttribüne (F3–F10)	419,00 €	389,00 €

a) Berechnen Sie, wie viel eine Gruppe für insgesamt sechs Einzeltickets bezahlen muss.
b) Beurteilen Sie, ob die Kosten für den Besuch der 14 Spiele durch den Kauf von Einzeltickets entstanden sind.
c) Berechnen Sie die Mindestanzahl an Spielen, ab der sich für einen Vollzahler eine Dauerkarte (Saison 2017/2018) lohnt.

4.1.2 Antiproportionaler Dreisatz

Die Frage nach dem Preis von vier Einzeltickets aus Lernsituation „Fahrscheine Teil 1“ konnte mithilfe des proportionalen Dreisatzes gelöst werden. Je mehr Personen von Mainz-Mombach nach Zornheim fahren möchten, desto mehr Einzeltickets müssen gezogen werden und desto höher sind folglich die Kosten. Was ist aber, wenn die vier Personen für die Fahrt nach Zornheim einen Gruppentarif wählen würden?

Sie könnten dabei den Vorteil nutzen, eine weitere Person mit dem Gruppenticket mitfahren zu lassen, denn wenn sich eine weitere Person der Gruppe anschließt, wird der Kostenanteil jedes einzelnen Fahrgastes kleiner.

Die Gegenläufigkeit „je mehr Personen … desto weniger Kostenanteil“ kommt zustande, weil das Produkt aus der Anzahl der Fahrgäste und dem Kostenanteil jedes Fahrgastes immer gleich sein muss. Das Produkt entspricht den Kosten eines Gruppentickets.

Ergibt sich bei zwei zugehörigen Werten immer das gleiche Produkt, wendet man den antiproportionalen Dreisatz an. Stellt man die Produkte zweier zueinander gehöriger Werte in einer Gleichung gegenüber, spricht man von einer **Produktgleichung**.

Im zweiten Teil der Lernsituation „Fahrscheine" wird nun der antiproportionale Dreisatz verdeutlicht.

Lernsituation: Fahrscheine Teil 2

Die vier Personen, die von Mainz-Mombach nach Zornheim fahren möchten, entdecken den Tarif der Gruppenfahrkarte. Leider lässt sich auch wegen des defekten Monitors ein Teil der Anzeige nicht lesen:

Gruppenfahrkarte				Beispiel:
	Erwachsene	Einfache Fahrt für 5 Personen	[redacted]	5 Personen zahlen anteilig 2,28 € pro Fahrt

Berechnen Sie für die Kleingruppe die Fahrtkosten pro Person, wenn sie eine Gruppenfahrkarte kaufen.

Lösung:

Lösung mit antiproportionalem Dreisatz

Bei der oben beschriebenen Gruppenfahrkarte können sich bis zu fünf Personen den Ticketpreis teilen. Wenn fünf Personen anteilig 2,28 € bezahlen, müsste eine Person, die die Sammelkarte allein nutzt, den kompletten Preis übernehmen. Die Produkte der zugehörigen Werte sind gleich, denn 5 Personen · 2,28 € = 1 Person · 11,40 € = 11,40 €.

Die Aufgabe ist mit dem **antiproportionalen Dreisatz** zu lösen. Ähnlich wie beim proportionalen Dreisatz schließt man mithilfe von drei gegebenen Werten auf die gesuchte vierte Größe. Halbiert man die Anzahl der Fahrgäste, so verdoppelt sich entsprechend der Kostenanteil pro Person!

	Anzahl der Fahrgäste	Fahrtkosten pro Person (einfache Fahrt)	
:5	5	**2,28 €**	·5
	1	**11,40 € = Ticketpreis der Gruppenfahrkarte**	
·4	4	**2,85 €**	:4

Nutzt statt fünf Personen nur noch ein Fahrgast die Gruppenfahrkarte, so verfünffacht sich der Anteil des Fahrgastes: Er zahlt die Fahrkarte mit vollem Preis. Vervierfacht sich demgegenüber die Anzahl der Personen, so muss jeder von ihnen nur noch ein Viertel des Ticketpreises bezahlen.

Die Kleingruppe zahlt bei Nutzung der Gruppenfahrkarte 2,85 € pro Person; insgesamt bezahlt die Gruppe 11,40 €.

Lösung durch Schlusssatz

Wie bei der Lösung der Lernsituation „Fahrscheine Teil 1" werden die drei Sätze Bedingungssatz, Fragesatz und Antwortsatz formuliert. Dabei ist jedoch darauf zu achten, dass die Zusammensetzung des Antwortsatzes anders als beim proportionalen Dreisatz ist:

1. Bedingungssatz:	5 Personen	2,28 € pro Person
2. Fragesatz:	4 Personen	x € pro Person
3. Antwortsatz:	$x = \frac{2{,}28 \cdot 5}{4} =$	2,85 € pro Person

Auch hier gilt: Die Kleingruppe zahlt bei Nutzung der Gruppenfahrkarte 2,85 € pro Person; insgesamt bezahlt die Gruppe 11,40 €.

Lösung mit Produktgleichung

Bei einer Gruppenfahrkarte tragen bis zu fünf Personen anteilig den Gesamtpreis in Höhe von 11,40 €. Wie oben beschrieben sind alle Produkte der zugehörigen Werte gleich. Daraus ergibt sich die **Produktgleichung**:

5 Personen · 2,28 € = 4 Personen · x €

Es wird nach x aufgelöst, indem durch „4 Personen" dividiert wird. Daraus folgt:

$$x = \frac{5 \text{ Personen} \cdot 2{,}28\,€}{4 \text{ Personen}} = 2{,}85\,€ \text{ pro Person}$$

Das Ergebnis bestätigt, dass bei dem Kauf einer Gruppenfahrkarte jede Person der Kleingruppe 2,85 € zahlen müsste.

Bei jedem Dreisatz muss zunächst festgestellt werden, in welchem Verhältnis die Größen zueinander stehen: Ist das Verhältnis proportional oder antiproportional? Von einem proportionalen Verhältnis spricht man, wenn sich die Größen in die gleiche Richtung verändern, von einem antiproportionalen Verhältnis spricht man, wenn sich die Größen entgegengesetzt verändern. Das Verhältnis kann man nur aus dem Sachzusammenhang erschließen.

Merke

Bei jeder Dreisatzrechnung muss zuerst das Verhältnis der Größen ermittelt werden.

je mehr ... desto mehr ... je weniger ... desto weniger ...	**proportionales Verhältnis** oder gerades Verhältnis oder direktes Verhältnis
je weniger ... desto mehr ... je mehr ... desto weniger ...	**antiproportionales Verhältnis** oder ungerades Verhältnis oder indirektes Verhältnis

Wenn das Verhältnis bekannt ist, lässt sich der Dreisatz mit einem der vorgestellten Verfahren lösen. Hierbei ist zu beachten, dass die Lösungsschritte je nach Verhältnis (proportional oder antiproportional) unterschiedlich sind. Eine Übersicht dazu gibt der folgende Merksatz:

Merke

Lösungsvariante	proportionales Verhältnis	antiproportionales Verhältnis
Tabelle	in beiden Spalten der Tabelle dieselben Operationen durchführen	in den Spalten der Tabelle die jeweils entgegengesetzte Operation durchführen (rechts Multiplikation, links Division bzw. umgekehrt)
Schlusssatz	Bedingung a b Frage c x Antwort $x = \frac{b \cdot c}{a}$	Bedingung a b Frage c x Antwort $x = \frac{b \cdot a}{c}$
Verhältnis- bzw. Produktgleichung	Verhältnisgleichung aufstellen und nach x auflösen	Produktgleichung aufstellen und nach x auflösen

AUFGABEN

1. Eine Heizanlage verbraucht im Durchschnitt täglich 62 Liter Heizöl. Der Heizölvorrat reicht in diesem Fall 225 Tage. Wie viele Tage reicht der Vorrat bei den folgenden Tagesverbräuchen?

a) 60 Liter
b) 65 Liter
c) 70 Liter
d) 61 Liter
e) 63 Liter
f) 55 Liter
g) 52 Liter
h) 68 Liter
i) 75 Liter
j) 80 Liter
k) 85 Liter
l) 90 Liter

2. Bei einer Geschwindigkeit von 65 km pro Stunde legt ein Pkw eine Strecke in 8,5 Stunden zurück. Welche Zeit benötigt er für die gleiche Strecke bei den genannten Geschwindigkeiten?

a) 60 km/h
b) 70 km/h
c) 75 km/h
d) 80 km/h
e) 85 km/h
f) 90 km/h
g) 95 km/h
h) 97,5 km/h
i) 100 km/h
j) 102,5 km/h
k) 105 km/h
l) 110 km/h

3. Bens Feriengeld reicht 28 Tage, wenn er täglich 20,00 € ausgibt. Wie viele Tage reicht es, wenn er täglich 16,00 € ausgibt?

4. Bei einem Verbrauch von täglich 27 Liter Heizöl reicht der Vorrat 186 Tage. Wie lange reicht der Vorrat, wenn der tägliche Verbrauch auf 31 Liter steigt?

5. Ein Fliesenleger braucht für einen Fußboden 400 quadratische Fliesen mit einer Kantenlänge von 30 cm. Wie viel Stück benötigt er, wenn er Fliesen mit einer Kantenlänge von 40 cm verwendet?

6. Die drei Lagerarbeiter eines Betriebes benötigen zum Umordnen des Warenlagers 12 Tage. Wie viele Tage brauchen sie bei gleicher täglicher Arbeitszeit, wenn ihnen noch zwei Hilfskräfte zur Verfügung gestellt werden?

7. Drei Bagger benötigen zum Ausheben eines Grabens zusammen 27 Stunden. Wie viel Stunden brauchen zwei Bagger gleicher Art?

8. Für eine Fensterfront werden 22 m Gardinenstoff mit einer Breite von 120 cm benötigt. Wie viel m braucht man, wenn der Stoff nur 0,90 m breit ist?

9. Bei einer Flurbereinigung muss ein rechteckiger Acker von 200 m Länge und 40 m Breite in einen Acker von 110 m Länge umgelegt werden. Wie breit ist der neue Acker?

10. Von den Fahrtkosten eines Schulausfluges entfallen auf jeden der 25 Schüler einer Klasse 12,00 €. Wie viel € entfallen auf jeden teilnehmenden Schüler, wenn 2 Schüler wegen Krankheit nicht am Ausflug teilnehmen können?

11. Nach dem Blick in einen Prospekt für Ferienhäuser macht sich eine Gruppe junger Erwachsener an die Lösung folgender Produktgleichung: $5 \cdot 285 = 4 \cdot x$.

a) Berechnen Sie die Lösungsmenge für x und beschreiben Sie eine Situation, die zur Produktgleichung passt.
b) Interpretieren Sie das Produkt aus $5 \cdot 285$ im Sachzusammenhang.

4.1.3 Aufgaben zum proportionalen und antiproportionalen Dreisatz

In der Realität wird man häufig mit komplexeren Situationen konfrontiert. Beispielsweise müssen Daten, die nicht wichtig für die Problemlösung sind, von denen unterschieden werden, die eine Relevanz haben. Die folgende Lernsituation zeigt eine solche komplexe Situation aus der Realität.

Lernsituation: Seilbahn Teil 1

Seit der Bundesgartenschau 2011 verbindet die Koblenzer Seilbahn die Rheinanlagen mit der Festung Ehrenbreitstein. Für den Normalbetrieb der Bahn über den Rhein sind die folgenden technischen Daten ausgewiesen:

Geschwindigkeit:	16 km/h
Personen je Gondel:	maximal 35
Anzahl Gondeln:	18
Höhenunterschied:	112 m
Länge der Fahrstrecke:	890 m
Beförderungskapazität:	3000 Personen pro Stunde je Fahrtrichtung
Fahrtzeit:	5 Minuten

Eine Eventagentur plant eine Veranstaltung auf dem Gelände der Festung Ehrenbreitstein. Die Gäste sollen mit der Seilbahn von den Rheinanlagen zur Festung hinauf und nach der Veranstaltung wieder zurück befördert werden.

Der Eventplaner stellt zur Vorbereitung eine Fragenliste zusammen:

a) Wie lange dauert es, 450 Gäste zu befördern?

b) Welche Beförderungskapazität hat die Bahn (in Personen je Stunde), wenn die Gondeln nicht voll besetzt sind, sondern durchschnittlich nur 21 Personen in einer Gondel Platz nehmen?

c) Wie lang ist die Fahrtzeit für eine Strecke, wenn die Seilbahn mit der maximalen Geschwindigkeit von 20 km/h betrieben wird?

Ermitteln Sie die Antworten zu den Fragen des Eventplaners.

Lösungen

a) Es dauert eine Stunde, also 60 Minuten, um 3 000 Personen zu befördern. Weniger Personen können in kürzerer Zeit transportiert werden. Es handelt sich hierbei also um ein proportionales Verhältnis.

Es gibt verschiedene Lösungswege. Hier werden drei Wege erläutert:

Lösung mit Tabelle

	Personen	Zeit in Minuten	
:3 000	3 000	**60**	:3 000
·450	1	**0,02**	·450
	450	**9**	

Lösung durch Schlusssatz

Hierbei handelt es sich um den klassischen Dreisatz. Er besteht aus den drei Sätzen Bedingungssatz, Fragesatz und Antwortsatz.

1. Bedingungssatz: 3 000 Personen 60 Minuten
2. Fragesatz: 450 Personen x Minuten
3. Antwortsatz: $x = \frac{60 \cdot 450}{3000} =$ 9 Minuten

Lösung mit Verhältnisgleichung

Es verhalten sich x Minuten zu 450 Personen wie 60 Minuten zu 3 000 Personen. Mathematisch schreibt man:

$$\frac{x}{450\ \text{Personen}} = \frac{60\ \text{min}}{3000\ \text{Personen}} \quad | \cdot 450\ \text{Personen}$$

$$x = \frac{60\ \text{min} \cdot 450\ \text{Personen}}{3000\ \text{Personen}} = 9\ \text{min}$$

Alle drei Verfahren führen zu demselben Ergebnis: Die Beförderung von 450 Personen dauert 9 Minuten.

b) Gesucht ist die Beförderungskapazität bei veränderter Passagierzahl. Daher sind aus den technischen Daten der Seilbahn die entsprechenden Zahlen relevant. Zunächst ist das Verhältnis des Dreisatzes festzulegen: Je weniger Personen in einer Kabine sitzen, desto geringer ist die Beförderungskapazität. Es handelt sich also um einen proportionalen Dreisatz.

Lösung mit Tabelle

	Personen je Gondel	Personen je Stunde	
:35	35	**3000**	:35
·21	1	$\frac{600}{7}$	·21
	21	**1800**	

Lösung durch Schlusssatz

1. Bedingungssatz:	35 Personen pro Gondel	3000 Personen pro Stunde
2. Fragesatz:	21 Personen pro Gondel	*x* Personen pro Stunde
3. Antwortsatz:	$x = \frac{3000 \cdot 21}{35} =$	1800 Personen pro Stunde

Lösung mit Verhältnisgleichung

Es verhalten sich *x* Personen je Stunde zu 21 Personen je Gondel wie 3000 Personen je Stunde zu 35 Personen je Gondel. Mathematisch schreibt man:

$$\frac{x}{21 \text{ Personen je Gondel}} = \frac{3000 \text{ Personen je Stunde}}{35 \text{ Personen je Gondel}} \quad | \cdot 21 \text{ Personen je Gondel}$$

$$x = \frac{3000 \text{ Personen je Stunde} \cdot 21 \text{ Personen je Gondel}}{35 \text{ Personen je Gondel}} = 1800 \text{ Personen je Stunde}$$

Alle Lösungswege führen zu demselben Ergebnis: Die Beförderungskapazität der Bahn sinkt auf 1800 Personen je Stunde, wenn die Kabinen mit 21 statt mit 35 Personen besetzt werden.

c) Aus den gegebenen technischen Daten sucht man die benötigten Informationen. Da nach der Fahrtzeit bei veränderter Geschwindigkeit (20 km/h) gefragt ist, sind hier die normale Fahrtzeit (5 min) und die normale Geschwindigkeit (16 km/h) Grundlage der Berechnung.

Wieder muss zuerst das Verhältnis bestimmt werden. Je höher die Geschwindigkeit, desto geringer die Fahrtzeit. Der Zusammenhang zwischen Geschwindigkeit und Fahrtzeit ist also antiproportional.

Lösung mit Tabelle

	Geschwindigkeit in km/h	Fahrzeit in Minuten	
: 16	16	**5**	· 16
· 20	1	**80**	: 20
	20	**4**	

Lösung durch Schlusssatz

Bei der Lösung durch Schlusssatz wird bei antiproportionalem Verhältnis die gegebene Größe nicht „getauscht".

1. Bedingungssatz: 16 km/h 5 Minuten

2. Fragesatz: 20 km/h x Minuten

3. Antwortsatz: $x = \frac{5 \cdot 16}{20} =$ 4 Minuten

Lösung mit Produktgleichung

Die gegebenen und gesuchten Zusammenhänge werden als Produktgleichung geschrieben und nach x aufgelöst.

$$x \cdot 20\,\frac{\text{km}}{\text{h}} = 5\,\text{min} \cdot 16\,\frac{\text{km}}{\text{h}} \qquad |:20\,\frac{\text{km}}{\text{h}}$$

$$x = \frac{5\,\text{min} \cdot 16\,\frac{\text{km}}{\text{h}}}{20\,\frac{\text{km}}{\text{h}}} = 4\,\text{min}$$

Jede Lösungsvariante führt zum gleichen Ergebnis: Wenn die Geschwindigkeit der Bahn von 16 km/h auf 20 km/h erhöht wird, verkürzt sich die Fahrzeit von 5 auf 4 Minuten.

AUFGABEN

1. Ein Textilunternehmer fertigt zwei verschiedene Röcke aus dem gleichen Wollstoff. Für den einen Rock benötigt er 1,25 m und für den anderen 0,90 m. Wie hoch sind die Materialkosten für beide Produkte, wenn 16,30 m des Wollstoffs 208,64 € kosten?

2. Zum Beheizen seiner zehn Betriebsräume verbraucht ein Unternehmen in 230 Tagen 44 850 Liter Heizöl. Der größte Betriebsraum hat eine Nutzfläche von 2 300 m^2, der kleinste nur 23 m^2. Das Controlling des Unternehmens rechnet für den größten Betriebsraum mit einem anteiligen Heizölverbrauch von 8 073 Liter. Wie viele Tage kann man länger heizen, wenn sich der tägliche Verbrauch um 15 Liter verringern lässt?

3. Ein Kunde kauft bei einer Kaffeerösterei 190 kg Kaffee der Sorte A zu 1 592,20 €. Er möchte einen ihm verbliebenen Restposten von 20 kg dieses Kaffees A umtauschen in eine Sorte B zu 6,23 € je kg. Wie hoch ist der kg-Preis der Sorte A und wie viel der Sorte B erhält der Kunde?

4. Für den Bodenbelag einer Terrasse sollten ursprünglich 42 Bretter von 18 cm Breite geliefert werden. Da diese nicht vorrätig sind, sollen nun Bretter gleicher Länge, die jedoch nur 14 cm breit sind, verwendet werden. Wie viele solcher Bretter werden benötigt?

5. Ein erklärtes Ziel der Bundesregierung ist es, die Elektromobilität zu steigern. Technische Herausforderungen wie das schnelle Aufladen der Akkus oder die Reichweite eines E-Autos stehen im Fokus der Automobilindustrie. Daher erhalten die Bordcomputer der neuesten E-Autos eines Automobilherstellers eine neue Anzeige zum aktuellen Akku-Ladestand.

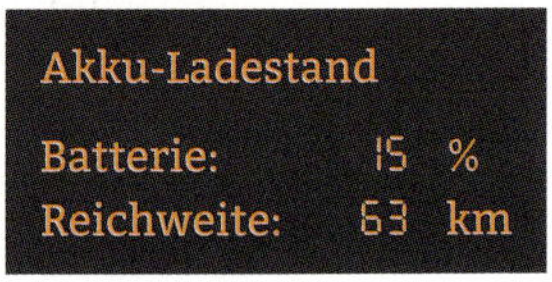

a) Berechnen Sie die maximale Reichweite des Fahrzeugs.
b) Bei einer Durchschnittsgeschwindigkeit von 70 km/h beträgt die maximale Fahrdauer sechs Stunden. Berechnen Sie die durchschnittliche Geschwindigkeit, wenn dieselbe Strecke in fünf Stunden zurückgelegt werden soll.
c) Begründen Sie, warum die Akkuladung für die in b) berechnete schnellere Fahrt voraussichtlich nicht reichen wird.

6. Der Fahrer einer Trierer Spedition gibt am Donnerstagabend die Liste seiner Fahrten ab. Für jeden Tag hat er notiert, welche Strecke er zurückgelegt und welche Menge er für welchen Betrag getankt hat.

Tag	Strecke	Menge	Preis
Montag	575 km	138 ℓ	175,12 €
Dienstag	510 km	120 ℓ	152,28 €
Mittwoch	670 km	161 ℓ	207,53 €
Donnerstag	485 km	117 ℓ	146,13 €

Für den Freitag ist eine Fahrt über 380 km vorgesehen. „Dann werde ich für unter 120,00 € tanken", meint der Fahrer.

a) Berechnen Sie den Durchschnittsverbrauch pro 100 km.
b) Ermitteln Sie, zu welchem Literpreis der Fahrer in den vier Tagen getankt hat.
c) Nehmen Sie Stellung zu der Aussage über die Treibstoffkosten für Freitag.

7. Ein Handyanbieter hat einen Tarif für Geringtelefonierer, bei dem minutengenau abgerechnet wird. Ein Kunde bezahlt so für eine Stunde 3,00 €. Im Vergleich dazu gibt es vom gleichen Anbieter eine Flatrate für 16,50 € im Monat.

a) Berechnen Sie die maximale Telefondauer eines Kunden pro Monat, wenn dieser die minutengenaue Abrechnung nutzen und nicht mehr als 16,50 € zahlen möchte.
b) Bestimmen Sie den Minutenpreis für den minutengenauen Tarif.
c) Ein Kunde nutzt die Flatrate und telefoniert im Durchschnitt 275 Minuten im Monat. Beurteilen Sie, ob der Kunde bei der Flatrate bleiben oder zum minutengenauen Tarif wechseln sollte.
d) Beschreiben Sie zum obigen Beispiel die Situation, die durch die Verhältnisgleichung $\frac{x}{5} = \frac{60}{3}$ dargestellt wird.
e) Der Handyanbieter möchte den Tarif mit der minutengenauen Abrechnung verändern: Der Minutenpreis soll sinken, dafür ist eine monatliche Gebühr von 1,00 € zu entrichten. Für 120 Minuten müssen die Kunden dann 5,80 € zahlen. Eine Kunde hat Schwierigkeiten, die Kosten für 180 Minuten zu berechnen. Begründen Sie, warum sich die Rechnung nicht mithilfe der Dreisatzrechnung lösen lässt.

8. Nach dem Besuch in einem Café erhält ein Kunde folgende Rechnung:

Café am Rande

Erdbeerkuchen	3 Stück	4,80 €
Kaffee	4 Tassen	8,40 €
Butterkuchen	2 Platten	12,40 €
Gesamt		25,60 €

a) Berechnen Sie den Zahlbetrag, wenn der Kunde für sich und weitere Gäste drei Platten mit Butterkuchen, fünf Stücke Erdbeerkuchen und sechs Tassen Kaffee bestellt hätte.
b) Vier Gästen schmeckt der Butterkuchen so gut, dass sie sich insgesamt drei Platten aufteilen und mit nach Hause nehmen wollen. Berechnen Sie den Kostenanteil, den jeder Gast zahlen muss.

9. 

Ein Unternehmer ist seit fünf Jahren in einer rheinland-pfälzischen Kleinstadt erfolgreich mit einem Disko- und Eventbetrieb. An Freitagen und Samstagen öffnet er seinen Betrieb für Diskothekenbesucher. Sein Konzept ist, dass die Besucher einen höheren Eintritt zahlen, dafür ist aber bis 0:00 Uhr eine Getränkeflat inklusive. Im Durchschnitt kommen am Wochenende 1 240 Besucher, mit denen der Betreiber nur aufgrund des erhöhten Eintrittsgeldes einen Umsatz in Höhe von 24 676,00 € erzielt. Nach Mitternacht wird durch den Getränkeverkauf durchschnittlich nochmals Umsatz in Höhe von 23 452,00 € gemacht. An den anderen Tagen werden die Räumlichkeiten für Events vermietet. Häufig nutzen Betriebe diese Möglichkeit und buchen die Räume für einen Pauschalbetrag.

a) Die Urlaubszeit führt häufig dazu, dass die Besucherzahlen für die Diskothek zurückgehen. Berechnen Sie den Umsatz, der durch den erhöhten Eintritt (inklusive Getränkeflat) erzielt wird, wenn der Unternehmer für ein Wochenende nur mit 745 Gästen rechnen kann.
b) Ein Betrieb mit 132 Mitarbeitern möchte für das anstehende Betriebsfest die Räumlichkeiten der Diskothek mieten. Man rechnet pro Mitarbeiter mit einem Kostenanteil von 6,40 €. Berechnen Sie den Kostenanteil für einen Mitarbeiter, wenn vier Personen vor dem Betriebsfest kündigen.

4.2 Der zusammengesetzte Dreisatz

Bisher wurde betrachtet, welche Auswirkung die Änderung einer Größe auf eine andere Größe hat. Im Folgenden werden die Auswirkungen untersucht, wenn sich mehrere Größen ändern.

Definition

Beim **zusammengesetzten Dreisatz** (auch erweiterter Dreisatz oder Vielsatz genannt) ändert sich nicht nur eine Größe, sondern es ändern sich mehrere Größen gleichzeitig.

Für die Lösung durch eine Tabelle bedeutet dies, dass die Tabelle entsprechend größer wird. Sie hat für jede weitere Größe eine weitere Spalte und zwei weitere Zeilen, da jede zusätzliche Größe zuerst auf eins zu bringen ist und dann an den gesuchten Wert angepasst wird.

Lernsituation: Fahrscheine Teil 3

Die Fahrt der Kleingruppe von vier erwachsenen Personen von Mainz-Mombach nach Zornheim hat eine kleine Wendung genommen: Eine der vier Personen ist erkrankt und kann nicht mitfahren. Außerdem hat sich die Gruppe dazu entschieden, ein Zwischenziel in dem gleichen Tarifgebiet anzusteuern. Ursprünglich hat die Gruppe ohne Zwischenziel und mit vier Reisenden unter Berücksichtigung von zwei Einzeltickets pro Person (Hin- und Rückfahrt) mit Gesamtkosten in Höhe von 22,40 € gerechnet.

a) Berechnen Sie die Gesamtkosten für drei Reisende, die jeweils drei Einzeltickets kaufen müssen.

b) Ein zusätzlicher Tarif des Verkehrsverbundes ist die Gruppentageskarte, bei der bis zu fünf Personen an einem Tag beliebig häufig in einem Tarifgebiet fahren dürfen. Für die ursprüngliche Kleingruppe von vier Fahrgästen, die jeweils zwei Tickets für Einzelfahrten hätten ziehen müssen, betragen bei der Gruppentageskarte die anteiligen Kosten jeder einzelnen Person 1,26 € pro Fahrt.

Berechnen Sie für eine Einzelperson die anteiligen Kosten pro Fahrt für den Fall, dass wie oben beschrieben nur drei Fahrgäste jeweils drei Einzelfahrten unternehmen.

Lösungen

a) **Lösung mit Tabelle**

Zur Lösung der Aufgabenstellung wird zunächst nur ein einfacher Dreisatz betrachtet, die anderen Informationen werden ausgeklammert. Werden die Fahrten im ersten Schritt nicht berücksichtigt, stellt sich die Frage, wie hoch die Kosten für einen Fahrgast wären. Da es in der Aufgabenstellung um die Gesamtkosten geht, wird klar, dass die Kosten umso höher werden, je mehr Personen mitfahren. Mithilfe des proportionalen Dreisatzes ist der erste einfache Dreisatz zu lösen:

	Fahrgäste	(Fahrten)	Gesamtkosten	
	4	(2)	**22,40 €**	
: 4	1	(2)	**5,60 €**	: 4
· 3	3	(2)	**16,80 €**	· 3

Im nächsten Schritt wird auf die Kosten geschlossen, indem die erste Information ausgeklammert wird. Der einfache Dreisatz, bei dem von der Anzahl der Fahrten auf die Gesamtkosten für drei Fahrten geschlossen wird, ist auch proportionaler Art: Je mehr Fahrten unternommen werden, desto höher sind die Kosten.

	(Fahrgäste)	Fahrten	Gesamtkosten	
	(3)	2	**16,80 €**	
: 2	(3)	1	**8,40 €**	: 2
· 3	(3)	3	**25,20 €**	· 3

Die Gesamtkosten für drei Reisende, die jeweils drei Einzeltickets kaufen müssen, betragen 25,20 €.

Lösung durch Schlusssatz

Das Ergebnis lässt sich durch mehrmalige Anwendung des Schlusssatzes ebenfalls bestimmen. Dazu wird zunächst eine Information, hier die Anzahl der Fahrten, vernachlässigt.

1. Bedingungssatz: 4 Fahrgäste 22,40 €
2. Fragesatz: 3 Fahrgäste z € (z als Zwischenergebnis)
3. Antwortsatz: $z = \frac{22{,}40 \cdot 3}{4} =$ 16,80 €

Das Ergebnis sagt aus, dass drei Fahrgäste für zwei Fahrten insgesamt 16,80 € zahlen müssten.

Im nächsten Schritt steht die Anzahl der Fahrten im Vordergrund:

1. Bedingungssatz: 2 Fahrten $z = 16{,}80$ €
2. Fragesatz: 3 Fahrten x €
3. Antwortsatz: $x = \frac{16{,}80 \cdot 3}{2} =$ 25,20 €

Zusammengefasst zu einem Antwortsatz folgt:

$$x = \frac{16{,}80\,€ \cdot 3}{2} = \frac{22{,}40\,€ \cdot 3 \cdot 3}{4 \cdot 2} = 25{,}20\,€$$

b) Auch für die Lösung der Teilaufgabe b) wird der zusammengesetzte Dreisatz in zwei einfache Dreisätze aufgeteilt. Wird die Anzahl der Fahrten zunächst ausgeklammert, stellt sich die Frage, ob eine Erhöhung der Fahrgastanzahl eine Erhöhung oder Verringerung der anteiligen Kosten bewirkt. Je weniger Fahrgäste sich die Gruppentageskarte teilen, desto höher die anteiligen Kosten pro Person. Es liegt also ein antiproportionaler Dreisatz vor:

	Fahrgäste	(Fahrten)	Anteilige Kosten	
:4	4	(2)	**1,26 €**	·4
·3	1	(2)	**5,04 €**	:3
	3	(2)	**1,68 €**	

Im nächsten Schritt wird die Anzahl der Fahrgäste ausgeklammert. Wird die Anzahl der Fahrten erhöht, teilen sich die Kosten pro Fahrt weiter auf. Auch hier liegt somit ein antiproportionaler Dreisatz vor.

	(Fahrgäste)	Fahrten	Anteilige Kosten	
:2	(3)	2	**1,68 €**	·2
·3	(3)	1	**3,36 €**	:3
	(3)	3	**1,12 €**	

Die anteiligen Kosten für eine Person pro Fahrt betragen 1,12 € für den Fall, dass drei Fahrgäste jeweils drei Einzelfahrten unternehmen.

Lösung durch Schlusssatz

Auch hier lässt sich das Ergebnis durch mehrmalige Anwendung des Schlusssatzes ermitteln:

1. Bedingungssatz: 4 Fahrgäste 1,26 € pro Person und pro Fahrt
2. Fragesatz: 3 Fahrgäste z € pro Person und pro Fahrt (z als Zwischenergebnis)
3. Antwortsatz: $z = \frac{1{,}26 \cdot 4}{3} =$ 1,68 € pro Person und pro Fahrt

Die anteiligen Kosten für drei Personen, die zwei Fahrten unternehmen, betragen 1,68 € pro Person.

Im nächsten Schritt steht die Anzahl der Fahrten im Vordergrund.

1. Bedingungssatz: 2 Fahrten $z = 1{,}68$ € pro Person und pro Fahrt
2. Fragesatz: 3 Fahrten x € pro Person und pro Fahrt
3. Antwortsatz: $x = \frac{1{,}68 \cdot 2}{3} =$ 1,12 € pro Person und pro Fahrt

Zusammengefasst zu einem Antwortsatz folgt:

$$x = \frac{1{,}68\,€ \cdot 2}{3} = \frac{1{,}26\,€ \cdot 4 \cdot 2}{3 \cdot 3} = 1{,}12\,€ \text{ pro Person und pro Fahrt.}$$

Merke

Ein **zusammengesetzter Dreisatz** besteht aus mehreren einfachen Dreisätzen. Ändern sich mehrere Größen, so kann der einfache Dreisatz schrittweise mehrfach angewendet werden. Die für den einzelnen einfachen Dreisatz nicht relevanten Daten werden ausgeblendet.

AUFGABEN

1. Zwei Gipser benötigen 4 Tage, um eine Fläche von 190 m² zu vergipsen. Wie lange brauchen drei Gipser für 480 m²? Der Tag ist mit 8 Arbeitsstunden anzusetzen und auf volle Stunden zu runden.

2. Um einen 6,3 km langen Feldweg anzulegen, brauchen 12 Arbeiter 25 Tage. Welches Teilstück können 8 Arbeiter in 6 Tagen fertigstellen?

3. Die Parkanlagen einer Stadt werden neu eingepflanzt. Zum Mähen, Säubern und Einpflanzen brauchen 10 Gärtner bei täglich 8 Stunden Arbeitszeit 27 Tage. Wie viele Gärtner braucht man, um diese Arbeiten bei einer täglichen Arbeitszeit von 9 Stunden in 20 Tagen zu erledigen?

4. Zum Melken seiner 83 Kühe benötigt ein Bauer, der bisher 3 Melkmaschinen eingesetzt hatte, 1 Stunde 40 Minuten. Wie viele zusätzliche Melkmaschinen müsste er einsetzen, wenn er in einer Stunde fertig sein möchte und sich die Zahl seiner Kühe auf 100 erhöht hat? Rechnen Sie mit Minuten.

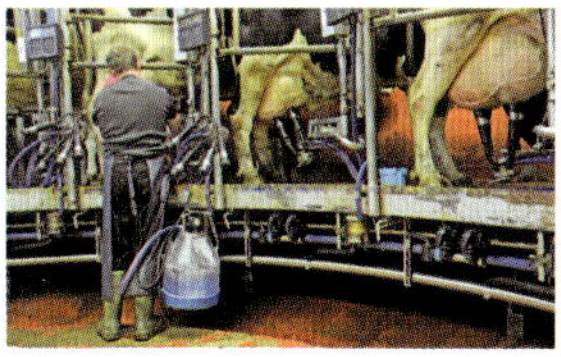

5. Zur Inventur des Warenlagers brauchen 5 Arbeiter bei einer täglichen Arbeitszeit von 8 Stunden 6 Tage. Welche Zeit würde die Inventur in Anspruch nehmen, wenn man 7 Arbeiter mit einer Arbeitszeit von täglich 9 Stunden einsetzen würde?

6. 12 Näherinnen erledigen einen Auftrag bei einer täglichen Arbeitszeit von 9 Stunden in 18 Tagen. Wie lange müssten 10 Näherinnen am Tag arbeiten, um diesen Auftrag in 24 Tagen auszuführen?

7. Eine EDV-Anlage wertet 65 000 Fragebogen in 5 Stunden aus. Wie viele Fragebogen könnten 3 EDV-Anlagen in 2 Stunden auswerten?

8. Aus einer Ölraffinerie wird Benzin in Tankkesselwagen angeliefert. 5 Tankwagen mit einem Fassungsvermögen von je 15 000 Liter fahren 9-mal, um die Kesselwagen zu entleeren. Wie oft müssen 9 Tankwagen mit einem Fassungsvermögen von je 12 500 Liter fahren?

9. Eine Bergsteigergruppe kündigt sich für 17 Tage auf einer Berghütte an. Um seine 9 Gäste zu versorgen, kauft der Wirt 510 Liter Getränke. Wie lange könnte er die Gruppe versorgen, wenn nur 6 Bergsteiger gekommen sind und ihm fälschlicherweise 480 Liter geliefert wurden?

10. Zum Saisonende wird das 600 m^3 fassende Nichtschwimmerbecken eines Freibades mit 2 Pumpen innerhalb von 18 Stunden leergepumpt. Wie lange braucht man für das 1 500 m^2 große Schwimmerbecken, wenn eine zusätzliche Pumpe eingesetzt werden kann?

11. Einem Fuhrunternehmer reicht der Vorrat an Kraftstoff 22 Tage, wenn jeder von seinen 14 Lkw täglich 120 Liter Dieselkraftstoff benötigt. Wie lange wird er mit dem Vorrat auskommen, wenn er 3 Lkw verkaufen muss und nun täglich jeder Lkw 140 Liter Dieselkraftstoff verbraucht?

12. Für die Sanitärinstallationen in einem Neubau werden bei Einsatz von 6 Handwerkern mit einer täglichen Arbeitszeit von 8 Stunden 12 Tage geplant. Um wie viele Tage verkürzt sich die Montagezeit, wenn zwei zusätzliche Arbeitskräfte eingesetzt werden und jeder täglich eine Überstunde macht?

13. Für eine Versandapotheke packen sechs Arbeitskräfte an einem Arbeitstag in acht Stunden 700 Päckchen. Wegen des großen Arbeitsaufkommens werden zwei Arbeitskräfte zusätzlich eingesetzt und die tägliche Arbeitszeit um eine Stunde verlängert. Berechnen Sie, wie viele Pakete nun pro Tag bearbeitet werden können.

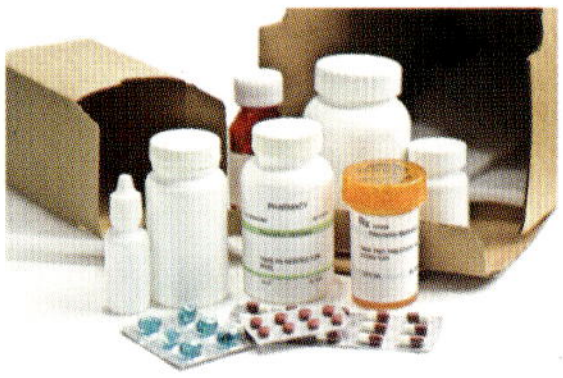

14. Für Lagerarbeiten benötigten im Vorjahr 16 Angestellte bei einer täglichen Arbeitszeit von 9 Stunden 6 Tage. Dieses Jahr sollen die Lagerarbeiten in 4 Tagen beendet sein bei einer täglichen Arbeitszeit von nur 8 Stunden. Wie viele Angestellte müssen dann zu den Lagerarbeiten herangezogen werden?

15. In der Schule gibt es kostengünstig Nachhilfe. Zwei Lehrkräfte organisieren den Gruppenunterricht, den leistungsstarke Schüler geben. Der Monatslohn für die Nachhilfe gebenden Schüler beträgt 38,00 €. Dafür müssen sie vier Stunden im Monat unterrichten. Für diesen Zeitumfang zahlen vier Nachhilfe nehmende Schüler 9,00 € pro Teilnehmer, bei drei Personen steigt der Anteil je Teilnehmer auf 12,00 €. Der Förderverein der Schule finanziert die Differenz zwischen Gebühr und Lohn.

a) Begründen Sie, warum für die Berechnung des Stundenlohns der Nachhilfe gebenden Personen eine Verhältnisgleichung aufgestellt werden kann.
b) Wegen der Ferien hat eine Person in den letzten beiden Monaten nur sieben Stunden Nachhilfe gegeben. Berechnen Sie den Lohn für diese Person.
c) Berechnen Sie den Gesamtbeitrag eines Teilnehmers, wenn zwei Personen insgesamt fünf Stunden Nachhilfe nehmen möchten.

d) Eine der beiden Lehrkräfte hat kürzlich für eine Nachhilfe nehmende Person eine Rechnung über 18,00 € ausgestellt. In dem Fall sind zehn Stunden Nachhilfe erteilt worden.
Berechnen Sie die Anzahl der Gruppenteilnehmer.

e) Berechnen Sie den Betrag, den der Förderverein für jede einzelne Nachhilfestunde finanzieren muss.

In der nächsten Lernsituation wird demonstriert, wie Lösungsvarianten mit Tabelle und mit Schlusssatz beim zusammengesetzten Dreisatz in einer Rechnung vorgenommen werden können.

Lernsituation: Seilbahn Teil 2

Der Eventplaner aus Lernsituation „Seilbahn Teil 1" arbeitet immer noch an der Planung der Veranstaltung auf dem Gelände der Festung Ehrenbreitstein. Dafür müssen noch die folgenden beiden Fragen geklärt werden:

a) Wie lange dauert die Beförderung von 450 Fahrgästen zur Festung Ehrenbreitstein, wenn die Gondeln nur mit durchschnittlich 21 Personen besetzt werden?

b) Wie lange dauert der Rücktransport von 1 250 Gästen, wenn die Gondeln voll besetzt sind und die Bahn statt mit Normalgeschwindigkeit mit der Höchstgeschwindigkeit von 20 km/h fährt, jedoch drei Gondeln wegen Wartungsarbeiten nicht in Betrieb sind?

Die Tabelle enthält die technischen Daten der Seilbahn Koblenz für den Normalbetrieb:

Geschwindigkeit:	16 km/h
Personen je Gondel:	maximal 35
Anzahl Gondeln:	18
Höhenunterschied:	112 m
Länge der Fahrstrecke:	890 m
Beförderungskapazität:	3 000 Personen pro Stunde je Fahrtrichtung
Fahrtzeit:	5 Minuten

Ermitteln Sie Antworten zu den Fragen des Eventplaners.

Lösungen

a) Sowohl die Lösungsvariante mit Tabelle als auch der Schlusssatz können beim zusammengesetzten Dreisatz in einer Rechnung vorgenommen werden.

Lösungsvariante mit Tabelle

Die gegebenen relevanten Daten werden in die Spalten der Tabelle eingetragen und dann nacheinander auf die gewünschten Werte umgerechnet.

	Fahrgäste	Personen je Gondel	Beförderungs-dauer in Minuten	
$:35$	3000	35	**60**	$\cdot 35$
$\cdot 21$	(3000)	1	**2100**	$:21$
$:3000$	(3000)	21	**100**	$:3000$
$\cdot 450$	1	(21)	$\mathbf{\frac{1}{30}}$	$\cdot 450$
	450	(21)	**15**	

Lösung mit Schlusssatz

1. Bedingungssatz:	3000 Fahrgäste	35 Personen je Gondel	60 Minuten
2. Fragesatz:	450 Fahrgäste	21 Personen je Gondel	x
	proportional	antiproportional	
3. Antwortsatz:	$x = \frac{60 \cdot 35 \cdot 450}{21 \cdot 3000} =$	15 Minuten	

Unter dem Fragesatz ist eingetragen, wie sich die jeweiligen Größen zu der gefragten Größe (der Zeit) verhalten:

- Weniger Personen je Gondel bedeuten mehr Zeit, also ein antiproportionales Verhältnis, daher wird die 35 auf und die 21 unter den Bruchstrich gesetzt (antiproportional = „nicht tauschen“).
- Weniger Fahrgäste benötigen weniger Zeit, das Verhältnis ist proportional und daher wird die 3000 unter und die 450 auf den Bruchstrich gesetzt (proportional = „tauschen“).

Beide Lösungsvarianten führen zu dem Ergebnis, dass die Beförderung von 450 Personen bei 21 Personen je Kabine 15 Minuten dauert.

b) Hier sind vier Größen relevant: Neben der gesuchten Dauer der Beförderung geht es um die Geschwindigkeit, die Personenzahl und die Anzahl der Gondeln.

Lösung mit Tabelle

Die Tabelle hat entsprechend vier Spalten.

	Anzahl Personen	Geschwindigkeit in km/h	Anzahl Gondeln	Dauer in Minuten	
:18	3000	16	18	**60**	·18
·15	(3000)	(16)	1	**1080**	:15
:16	(3000)	(16)	15	**72**	·16
·20	(3000)	1	(15)	**1152**	:20
:3000	(3000)	20	(15)	**57,6**	:3000
·1250	1	(20)	(15)	$\mathbf{\frac{12}{625}}$	·1250
	1250	(20)	(15)	**24**	

Lösung mit Schlusssatz

1. Bedingungssatz:	3000 Fahrgäste	16 km/h	18 Gondeln	60 Minuten
2. Fragesatz:	1250 Fahrgäste	20 km/h	15 Gondeln	x
	proportional	antiproportional	antiproportional	

3. Antwortsatz: $x = \frac{60 \cdot 18 \cdot 16 \cdot 1250}{15 \cdot 20 \cdot 3000} = 24$ Minuten

Wieder wurde nach dem Fragesatz notiert, wie sich die jeweiligen Größen zu der gefragten Größe (der Zeit) verhalten:

- Weniger Gondeln bedeuten mehr Zeit, also antiproportional, daher wird die 18 auf und die 15 unter den Bruchstrich gesetzt (antiproportional = „nicht tauschen").
- Höhere Geschwindigkeit bedeutet weniger Zeit, also antiproportional, daher wird die 16 auf und die 20 unter den Bruchstrich gesetzt (antiproportional = „nicht tauschen").
- Weniger Fahrgäste benötigen weniger Zeit, das Verhältnis ist proportional und daher wird die 3000 unter und die 1250 auf den Bruchstrich gesetzt (proportional = „tauschen").

Beide Lösungsvarianten führen zu demselben Ergebnis: Die Beförderung von 1250 Personen bei 20 km/h und 15 Gondeln dauert 24 Minuten.

Hinweis: Die folgenden Aufgaben sind etwas komplexer als die vorhergehenden Übungsaufgaben. Sie enthalten mehr umzurechnende Größen oder sind anspruchsvoller formuliert.

AUFGABEN

16. In einer Blechwarenfabrik werden mit vier Maschinen, deren Kapazität damit zu einem Drittel ausgenutzt wird, in 20 Arbeitstagen 6360 Kanister hergestellt. Für einen Großauftrag sollen 66780 Kanister in 40 Arbeitstagen gefertigt werden. Berechnen Sie, wie viele Maschinen bei voller Kapazitätsausnutzung eingesetzt werden müssen.

17. Ein Tiefbauunternehmer lässt mit zehn Lkw, von denen jeder 7,25 m^3 fasst und täglich neun Fuhren macht, in 14 Tagen den angefallenen Bauschutt abfahren. Wie viele Tage benötigt er, wenn ihm zwölf Lkw mit einem Inhalt von 8,5 m^3 zur Verfügung stehen und diese täglich sechs Fuhren machen?

18. Ein Textilhändler, der auf ökologische Materialien und faire Arbeitsbedingungen Wert legt, lässt Stoffe in Handarbeit fertigen. Hierbei können an zehn Webmaschinen in acht Tagen bei acht Stunden täglicher Arbeitszeit 560 m Stoff hergestellt werden. Berechnen Sie, wie viel Stoff dann auf 16 Maschinen in sechs Tagen bei 9-stündiger Arbeitszeit hergestellt werden kann.

19. Ein kunststoffverarbeitender Industriebetrieb in Worms stellt Formteile im Spritzgießverfahren her. Dabei wird Kunststoffgranulat erhitzt und in die gewünschte Form gebracht. Im Durchschnitt fertigen zehn Spritzgussmaschinen in fünf Tagen bei einer täglichen Laufzeit von 8,5 Stunden 212500 Teile aus Kunststoff.

Zurzeit sind zwei Maschinen wegen dringender Wartungsarbeiten nicht in Betrieb. Um einen Auftrag über 280000 Teile auszuführen, wird die tägliche Laufzeit der Maschinen auf zehn Stunden erhöht. Berechnen Sie, wie viele Tage die Fertigung dauert.

20. Die Lizenzgebühren für Musik, die Radiosender an die GEMA (Gesellschaft für musikalische Aufführungs- und mechanische Vervielfältigungsrechte) entrichten müssen, orientieren sich an den Einnahmen, die der Radiosender durch die Sendungen generiert. Der zu entrichtende Regelsatz beträgt 7,5 % der sendungsbezogenen Einnahmen, wenn das Programm zu 100 % aus Musik besteht. Bei niedrigerem Musikanteil verringert sich der Vergütungssatz entsprechend.

Auf jeden Fall muss ein Radiosender jedoch einen monatlichen Mindestsatz entrichten, der sich aus der Anzahl der Hörer, der Sendedauer und dem Musikanteil des Programms berechnet. Wenn ein Sender an sieben Tagen der Woche jeweils 20 Stunden sendet und der Musikanteil bei 75 % liegt und der Hörerkreis mit 60000 Personen beziffert wird, beträgt der monatliche Mindestsatz 382,50 €.

Ein Lokalsender geht von einem Hörerkreis von 75000 Personen aus. Er sendet an jedem Tag der Woche von 5:00 Uhr bis 2:00 Uhr nachts. Der Musikanteil des Programms beträgt durchschnittlich 60 %. Die sendungsbezogenen Einnahmen durch Werbung und andere Maßnahmen betragen pro Monat im Schnitt 21000,00 €.

a) Berechnen Sie für den Radiosender den Mindestsatz an GEMA-Gebühren.
b) Berechnen Sie den GEMA-Regelsatz, der sich an den Einnahmen orientiert.
c) Ermitteln Sie, wie hoch die Einnahmen bei sonst gleichen Bedingungen sein müssten, damit der Lokalsender nur den Mindestsatz zahlen muss.

21. Eine Gruppe von vier Personen plant für das anstehende Wochenende einen Besuch in einem Erlebnisbad. In gleicher Entfernung befinden sich zwei Bäder. Das eine bietet einen Gruppentarif für fünf Personen an. Dabei würde die Gruppe bei stündlicher Abrechnung zum Beispiel 56,00 € für zwei Stunden zahlen. Die Sauna kostet pro Tag zusätzlich 1,50 € pro Person.

Das andere Erlebnisbad hat folgende Preistafel:

Einzelkarten	**Bad**	**Zuschlag Sauna**
2 Stunden	13,50/15,50* €	5,00 €
4 Stunden	19,50/21,50* €	5,00 €
Tageskarte	27,50/29,50* €	5,00 €
* Wochenend- und Feiertagstarif sowie Geschenkgutscheine.		

a) Berechnen Sie für eine Verweildauer von drei Stunden die günstigste Möglichkeit für die Gruppe ohne Berücksichtigung eines Saunabesuchs.
b) Die Gruppe plant, insgesamt fünf Stunden in einem Bad zu bleiben. Zusätzlich soll an dem Tag die Möglichkeit bestehen, in die Sauna zu gehen.
Berechnen Sie für beide Bäder den Eintritt pro Stunde für einen Gruppenteilnehmer.
c) Begründen Sie, warum für die Berechnung des Eintritts pro Stunde pro Person in dem erstgenannten Bad die Verhältnisgleichung $\frac{(56 + 4 \cdot 5{,}50)\,€}{2\text{ Stunden}} = \frac{x\,€}{5\text{ Stunden}}$ für Teilaufgabe b) nicht zur Anwendung kommt.

22. Beurteilen Sie, für welche der aufgeführten Problemstellungen der Bruch $x = \frac{5 \cdot 6 \cdot 14}{7 \cdot 10}$ die Lösung ist. Schlagen Sie gegebenenfalls Änderungen an der Problemstellung vor, damit der Bruch das Ergebnis liefert.

a) Das Ausbringen von Mulch im Kurpark erledigen zehn Arbeiter in fünf Tagen bei einer täglichen Arbeitszeit von sieben Stunden. Wie viele Tage brauchen 14 Arbeiter, wenn die tägliche Arbeitszeit um eine Stunde reduziert wird?
b) Wenn die Anlieferung von Schotter an einer Baustelle durch fünf Lkw mit $10\,m^3$ Volumen erfolgen soll, muss jeder Lkw 6-mal fahren. Mit wie vielen Lkw mit $14\,m^3$ Volumen, die 7-mal fahren, könnte die Schotterlieferung alternativ erfolgen?
c) Zehn Kinder essen bei einem Kindergeburtstag fünf Pizzen in sieben Minuten. Wie viele Pizzen essen 14 Kinder in sechs Minuten?

d) Bei der Renovierung eines Hotels streichen sieben Maler in fünf Stunden zehn Zimmer. Wie lange brauchen sechs Maler für 14 Zimmer?
e) Auf zehn Hektar Acker wachsen in sieben Monaten fünf Tonnen Kartoffeln. Wie viele Kartoffeln wachsen auf 14 Hektar in sechs Monaten?

4.3 Zusammenfassung

- Bei einer einfachen **Dreisatzrechnung** schließt man mit Hilfe dreier gegebener Werte auf die gesuchte vierte Größe.
- Bei jeder Dreisatzrechnung muss zuerst das Verhältnis der Größen ermittelt werden.

je mehr ... desto mehr ... je weniger ... desto weniger ...	**proportionales Verhältnis** oder gerades Verhältnis oder direktes Verhältnis
je weniger ... desto mehr ... je mehr ... desto weniger ...	**antiproportionales Verhältnis** oder ungerades Verhältnis oder indirektes Verhältnis

- Beim **zusammengesetzten Dreisatz** (auch erweiterter Dreisatz oder Vielsatz genannt) ändert sich nicht nur eine Größe, sondern mehrere Größen gleichzeitig.
- Ein zusammengesetzter Dreisatz besteht aus mehreren einfachen Dreisätzen. Ändern sich mehrere Größen, so kann der einfache Dreisatz schrittweise mehrfach angewendet werden. Die für den einzelnen einfachen Dreisatz nicht relevanten Daten werden ausgeblendet.

4.4 Vermischte Aufgaben

1. Herr Müller und Herr Schulz haben sich als Tischler mit der Herstellung von kleinen Holzpferden für Kinder selbstständig gemacht. Das fertige Produkt wird dann über einen Vertrieb entweder einzeln oder in einem Set verkauft. Das Set, in dem sich 5 Spielzeuge befinden, wird für 21 Euro verkauft. Im letzten Monat konnten die beiden für die Herstellung von 2625 Pferden einen Ertrag in Höhe von 11 025 EUR erwirtschaften.

a) Berechnen Sie den Preis, den man für zwei Holzpferde nehmen müsste.
b) Berechnen Sie den Ertrag, den die beiden hätten erwirtschaften können, wenn man 3000 Pferde verkauft hätte.

Herr Müller verabschiedet sich von seiner Selbstständigkeit und möchte fortan als Angestellter bei Herrn Schulz arbeiten. Er hat mit ihm einen festen Brutto-Monatslohn vereinbart. Im letzten Monat hätte Herr Müller auf diese Weise pro hergestelltes Holzpferd 0,88 Euro als Lohn verzeichnen können.

c) Berechnen sie den Lohn pro Holzpferd, wenn Herr Müller im letzten Monat davon 2310 hergestellt hatte.
d) Berechnen Sie den Lohn pro Holzpferd, wenn Herr Müller im letzten Monat davon 3080 hergestellt hätte.

2. Der Imbissbetreiber Meier wirbt mit dem Slogan „Viele Produkte – ein Preis". Entsprechend hat er beispielsweise die Größe eines Schnitzels dem Preis angepasst. Im letzten Monat konnte er so für den Verkauf von 3120 Produkten ein Erlös in Höhe von 6.552 Euro erzielen. Abzüglich der Kosten bleibt ihm in dem Monat ein Brutto-Arbeitslohn in Höhe von 2.200 EUR.

a) Für den nächsten Monat rechnet Herr Meier mit einem Verkauf von ca. 3328 Produkten. Berechnen Sie für den Fall den zu erwartenden Ertrag in Euro und den Zuwachs in %.

b) Die Fixkosten, die beispielsweise für die Platzmiete anfallen, haben im letzten Monat einen Anteil von 0,16 EUR pro Stück ausgemacht. Berechnen Sie die anteiligen Fixkosten pro Stück für den nächsten Monat.

Die finanzielle Not drängt den Imbissbetreiber Meier dazu, den Imbiss an eine große Kette zu verkaufen. Dort hat er die Möglichkeit, als Angestellter in Akkord[1] zu arbeiten. Hätte er bereits im letzten Monat für die Kette gearbeitet, würde ihm für den Fall ein Brutto-Akkordlohn in Höhe von 2215,20 Euro zustehen.

c) Berechnen sie den Akkordlohn, den Herr Müller für den nächsten Monat erhalten würde.

3. Die Gärtnerei Dornwald hat sich auf die Aufzucht von Rosen spezialisiert. Dazu bauen sie jährlich auf 5 Hektar Land 50 000 Rosen einer speziellen Gattung an, die nach circa 3 Jahren geerntet werden können.
Im vergangenen Jahr konnte man mit 49 500 verkauften Rosen einen Erlös in Höhe von 158 000 Euro erzielen.

a) Im kommenden Jahr rechnet man mit einem Einbruch. Prognostizieren Sie den Erlös, wenn davon ausgegangen wird, dass nur 40 000 Rosen verkauft werden können.

b) Bestimmen Sie, wie viel Fläche in Hektar für die 40 000 Rosen eigentlich nur benötigt wurden.

c) Berechnen Sie, wann die 40 000 Rosen gepflanzt werden mussten.

4. Im rheinischen Tagebau fördern 2 Schaufelradbagger bei einer täglichen Betriebszeit von 15 Stunden in 4 Tagen 880 000 m³ Braunkohle.

a) Ermitteln Sie, welche Menge die beiden Bagger bei einer täglichen Betriebszeit von 12 Stunden in 2 Tagen fördern können.

b) Für einen Bahntransport sollen in 3 Tagen 500 000 m³ Kohle gefördert werden. Ermitteln Sie, ob bzw. unter welchen Bedingungen das möglich ist, wenn nur ein Bagger betriebsbereit ist.

c) Ein dritter Schaufelradbagger gleichen Typs soll in das Revier verlegt werden. Bestimmen Sie die tägliche Förderleistung der drei Bagger, wenn die tägliche Betriebszeit auf 18 Stunden erhöht wird.

[1] Akkordarbeit = Arbeit, die auf Schnelligkeit ausgerichtet ist und nach Stückzahl bezahlt wird.

5 Geometrische Grundformen

Geometrische Formen und Zusammenhänge sind allgegenwärtig. Auch komplex erscheinende Muster sind häufig aus einfachen Grundfiguren wie zum Beispiel Dreiecken, Rechtecken oder Kreisen zusammengesetzt und können in solche zerlegt werden. In diesem Kapitel werden zunächst Figuren in der Ebene untersucht und anschließend Figuren im Raum.

Nach dem Bearbeiten dieses Kapitels sind Sie in der Lage,

- Umfänge von geometrischen Figuren zu berechnen,
- Flächeninhalte von Kreisen, Dreiecken und Vierecken zu bestimmen,
- zusammengesetzte geometrische Figuren sinnvoll in Grundfiguren zu zerlegen,
- Volumina von prismatischen und zylindrischen Körpern zu berechnen und
- fachgerecht mit Maßeinheiten umzugehen.

5.1 Umfänge von Dreiecken, Vierecken und Kreisen

Geometrische Figuren in der Ebene sind häufig durch gerade Linien begrenzt. Diese Figuren nennt man **Vielecke**. Dazu zählen zum Beispiel Dreiecke und Vierecke, die im Folgenden untersucht werden. Unter den nicht gradlinig begrenzten Figuren ist der Kreis die wichtigste Form.

Lernsituation: Lauf am Schloss

In einem ländlichen Schlossgelände findet alljährlich ein Lauf für einen guten Zweck statt. Nach dem Start müssen zehn ganze Runden um das Schlossgebäude gelaufen werden. Ein Chip zählt die Runden, sodass es keine Möglichkeiten des Betrugs gibt. Bei der Ausmessung der Länge einer Runde gibt es Streitigkeiten zwischen den beiden Veranstaltern: Der eine sieht als Grundlage seiner Messung einen Kreis, der andere ein Achteck.

a) Berechnen Sie die Länge einer Laufrunde, wenn ein regelmäßiges Achteck als Grundlage genommen wird. Das Maß einer Seitenlänge beträgt 39 Meter.

b) Berechnen Sie die Länge einer Laufrunde, wenn ein Kreis mit einem Radius von 50 Metern als Grundlage dient.

Lösungen

a) Ein regelmäßiges Achteck ist ein Vieleck mit acht Ecken. Durch die Regelmäßigkeit sind die Seiten jeweils gleich – genauso wie die Innenwinkel. Entsprechend lässt sich die Rundenlänge durch Addition von acht Seitenlängen von je 39 Metern ermitteln. Mathematisch ausgedrückt wird der Umfang U des Achtecks berechnet; dieser beträgt $U = 8 \cdot 39\,\text{m} = 312\,\text{m}$.

b) In der rechten Abbildung ist ein Kreis eingezeichnet, der eine Laufrunde repräsentiert. Die Länge dieser Runde ist abhängig vom Radius: Je größer der Radius ist, desto größer ist auch der Umfang U des Kreises. Im später folgenden Satz wird gezeigt, dass der Kreisumfang durch $U = 2 \cdot \pi \cdot r$ bestimmt wird. Die Laufrunde wäre somit $U = 2 \cdot \pi \cdot 50 \approx 314{,}16$ Meter lang.

In der Lernsituation kommen zwei Arten von Figuren vor: Die einen Figuren sind durch gerade Linien begrenzt; diese nennt man auch Vielecke. Die andere Figur ist der Kreis.

Der Begriff **Vieleck** ist eine Bezeichnung für Dreiecke, Vierecke, Fünfecke etc. Bei der Berechnung des Umfangs von Vielecken wendet man ein einfaches Prinzip an:

Merke

Den **Umfang** einer geradlinig begrenzten Figur (Dreieck, Viereck, Fünfeck, ...) erhält man, indem man alle Seitenlängen der Figur addiert.

Um den Umfang eines Kreises zu berechnen, wird die folgende Formel genutzt:

Satz

Ein Kreis mit dem Durchmesser $d = 2r$ hat den **Umfang** $u = d \cdot \pi = 2 \cdot r \cdot \pi$.

Im Folgenden wird erklärt, warum die Formel gilt.

Beweis

Der Umfang eines Kreises mit Radius r wird abgeschätzt, indem regelmäßige Vielecke um und in den Kreis gezeichnet werden. Je mehr Ecken das Vieleck hat, desto genauer ist die Näherung. Der exakte Wert des Kreisumfangs liegt dann zwischen dem Umfang u des eingeschriebenen Vielecks und dem Umfang U des umgeschriebenen Vielecks.

Die Abbildung zeigt einen Kreis mit je einem ein- und einem umgeschriebenen Sechseck bzw. Zwölfeck. Ein Sechseck lässt sich in sechs gleich große gleichseitige Dreiecke zerlegen. Der Umfang u_6 des eingeschriebenen Sechsecks ist in diesem Fall dreimal größer als der Durchmesser d. Mit wachsender Eckenzahl n des Vielecks wird der Umfang mehr als dreimal größer als der Durchmesser d. Zahlenwerte hierfür sind in der Tabelle aufgeführt.

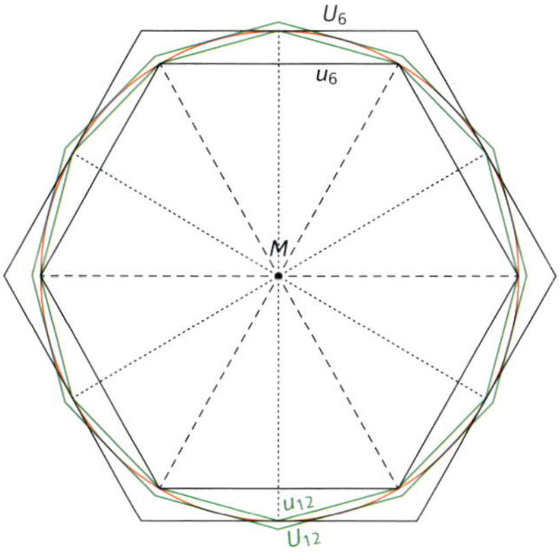

n (Anzahl der Ecken)	u (Umfang des eingeschriebenen Vielecks)	U (Umfang des umgeschriebenen Vielecks)
6	$d \cdot 3$	$d \cdot 3{,}464102$
12	$d \cdot 3{,}105829$	$d \cdot 3{,}215390$
24	$d \cdot 3{,}132629$	$d \cdot 3{,}159660$
48	$d \cdot 3{,}139350$	$d \cdot 3{,}146086$
96	$d \cdot 3{,}141032$	$d \cdot 3{,}142715$
192	$d \cdot 3{,}141453$	$d \cdot 3{,}141873$
384	$d \cdot 3{,}141558$	$d \cdot 3{,}141663$
768	$d \cdot 3{,}141584$	$d \cdot 3{,}141610$
1536	$d \cdot 3{,}141591$	$d \cdot 3{,}141597$

Der Umfang des Kreises mit dem Durchmesser d liegt jeweils zwischen u und U. In der letzten Zeile stimmen diese Werte in den ersten fünf Nachkommastellen überein. Somit ist 3,14159 eine gute Näherung für die Kreiszahl π, die das Verhältnis von Umfang zum Durchmesser eines Kreises angibt.

Die Zahl π ist unendlich lang und nichtperiodisch, d.h. sie kann nicht als Bruch zweier ganzer Zahlen angegeben werden. Sie ist daher keine rationale Zahl, sondern als irrationale Zahl in der Menge $\mathbb{R}$ der reellen Zahlen enthalten (vgl. Kapitel 1.1).

AUFGABEN

1. Familie Hein möchte in den beiden Kinderzimmern ihrer Wohnung neue Fußleisten anbringen. Beide Zimmer haben einen rechteckigen Grundriss. Das Zimmer von Sohn Paul ist 4,20 m lang und 2,70 m breit; das Zimmer von Tochter Paula ist 3 m breit und 3,50 m lang. Die Aussparung für die Zimmertür ist in beiden Räumen 0,95 m breit.

Berechnen Sie, wie viele Leisten Familie Hein kaufen muss, wenn eine Leiste 2,80 m lang ist.

2. Die Markierungen auf einem Fußballfeld werden mit einer speziellen Markierfarbe, früher auch mit Kalk oder Kreide, aufgebracht. Ermitteln Sie die Gesamtlänge der Markierungen, wenn folgende Maße bekannt sind:

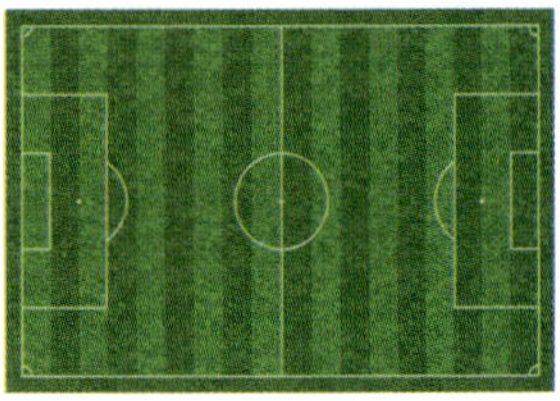

- Spielfeld: Länge 105 m, Breite 68 m
- Strafraum: Länge 15,5 m, Breite 40,32 m
- Torraum: Länge 5,5 m, Breite 18,32 m
- Mittelkreis: Radius 9,15 m
- Viertelkreise an den Ecken: Radius 1 m
- Kreissegment am Strafraum: Radius 9,15 m um den Elfmeterpunkt; etwa ein Viertelkreis

3. Bestimmen Sie den Durchmesser eines Baumes mit 5,5 m Umfang.

4. Gehen Sie bei den folgenden Berechnungen davon aus, dass Erde und Mond kugelförmig sind.

a) Bestimmen Sie die Länge des Äquators, wenn der Radius der Erdkugel 6 370 km beträgt.
b) Der Umfang des Mondes wird mit 10 921 km angegeben. Bestimmen Sie den Durchmesser des Mondes.
c) Bestimmen Sie die Entfernung der Erde von der Sonne, wenn Sie davon ausgehen, dass die Erde die Sonne auf einer kreisförmigen Bahn mit einer Geschwindigkeit von etwa 29,8 km/s umrundet. Ein astronomisches Jahr ist durchschnittlich 365,2422 Tage lang.

5. Bestimmen Sie die Strecke, die ein Pkw in fünf Stunden zurücklegt, wenn jedes Rad 50 000 Umdrehungen in der Stunde macht und der Raddurchmesser $d = 56$ cm beträgt.

6. Ein neuer Autoreifen mit den Maßen 225/45R17 hat einen Durchmesser von 63,4 cm. Durch Abnutzung der Reifen wird der Durchmesser und damit auch Umfang kleiner.

a) Bestimmen Sie die Anzahl der Radumdrehungen, die ein neuer Reifen auf einer Strecke von 80 km macht.
b) Bestimmen Sie die Anzahl der Radumdrehungen auf einer Strecke von 80 km, wenn der Reifen durch Abnutzung einen Durchmesser von 62 cm hat.
c) Erklären Sie anhand eines selbst gewählten Beispiels die Auswirkungen der Reifenabnutzung für die Genauigkeit der Kilometer- und Geschwindigkeitsanzeige eines Autos.

Zur Info: Die erste Ziffer 225 ist die nominelle Breite eines Reifens in mm, die bei unbelastetem Zustand an der breitesten Stelle gemessen wird. Die Ziffer 45 gibt das prozentuale Verhältnis zwischen Flankenhöhe und Reifenbreite an; hier ist die Flankenhöhe

101,25 mm (= 225 mm · 45 %). R gibt Auskunft über die Bauweise des Reifens. Die letzte Ziffer gibt an, welchen Durchmesser die benötigte Felge haben muss, hier 17 Zoll.

7. Zur Bereitstellung eines flächendeckenden schnellen Internetzugangs werden vielerorts unterirdische Glasfaserkabel verlegt. Die Abbildungen zeigen eine Kabeltrommel in verschiedenen Ansichten.

a) Schätzen Sie die Länge des Kabels ab, wenn das Kabel auf der Trommel in 27 Wicklungen nebeneinander und 15 Wicklungen übereinander aufgerollt ist. Dabei beträgt der Durchmesser der inneren Wicklungen 120 cm und der Durchmesser der äußeren Wicklungen 180 cm.

b) Erläutern Sie, warum Ihre Berechnungen aus Teil a) nur Schätzungen sind.

5.2 Flächenberechnung von Dreiecken, Vierecken und Kreisen

5.2.1 Dreiecke

Sollen komplizierte Flächenberechnungen vorgenommen werden, wird in der Geometrie häufig das Prinzip angewandt, komplexe Figuren durch geschickte Unterteilung in einfache Grundformen zu zerlegen. Auf diese Weise wird das gegebene Problem umstrukturiert und so leichter lösbar gemacht. Die folgende Lernsituation veranschaulicht das Grundprinzip.

Lernsituation: Logo

Die Abbildung zeigt den Entwurf des neuen Logos für Malermeisterin Kurz. Frau Kurz möchte wissen, welchen Anteil die rote Fläche an der Gesamtfläche des Rechtecks in ihrem neuen Logo hat.

Lösung

Die Fläche wird senkrecht in zwei gleich große Teile geteilt.

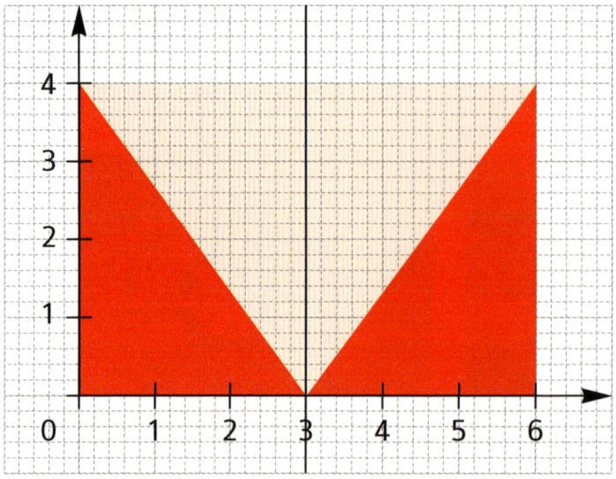

Hierdurch entstehen zwei Rechtecke, von denen jeweils die Hälfte rot ist. Also ist die Hälfte der Gesamtfläche rot und die andere Fläche hell gefärbt.

Auch bei der Bestimmung von Flächeninhalten kommt das Prinzip der geschickten Teilung komplexer Figuren zum Einsatz. Zum Messen des Flächeninhalts benötigt man zunächst eine **Flächeneinheit**. Diese erhält man, indem man die Längeneinheit quadriert. Dazu müssen die Längen dieselbe Maßeinheit haben. Der Flächeninhalt kann dann in Vielfachen des Einheitsquadrats – eines Quadrates mit der Seitenlänge von einer Längeneinheit – angegeben werden. Ausgehend von den Längeneinheiten erhält man als Flächeneinheiten:

Seitenlänge des Einheitsquadrats	1 mm	1 cm	1 dm	1 m	10 m	100 m	1 km
Flächeninhalt des Einheitsquadrats	1 mm^2	1 cm^2	1 dm^2	1 m^2	1 a	1 ha	1 km^2

Bei der Umrechnung von Flächeneinheiten ist zu beachten, dass Flächen zweidimensional sind und die Umrechnungsfaktoren der Grundeinheit daher zweimal vorkommen, denn der Exponent 2 an der Einheit gilt auch für den Umrechnungsfaktor der Einheit.

So ist zum Beispiel $1\,m^2 = 1\,m \cdot 1\,m = 100\,cm \cdot 100\,cm = 10\,000\,cm^2$.

Merke

Umrechnungsfaktoren sind:

$1\,cm^2 = 100\,mm^2$

$1\,dm^2 = 100\,cm^2 = 10\,000\,mm^2$

$1\,m^2 = 100\,dm^2 = 10\,000\,cm^2$

$1\,a = 100\,m^2$

$1\,ha = 100\,a = 10\,000\,m^2$

$1\,km^2 = 100\,ha = 10\,000\,a = 1\,000\,000\,m^2$

Lernsituation: Glasgaube

Bei der Sanierung eines Altbaus wurden verglaste Gauben in die Dachfläche eingebaut. Das Fenster an der Front hat eine Breite von 2,80 m und eine Höhe von 1,90 m. Die dreieckigen Elemente in den Seiten haben eine Höhe von 1,20 m und sind oben 1,40 m breit.

Berechnen Sie die Größe der Fenster.

Lösung

Zunächst wird das Rechteck betrachtet. Der Abstand zwischen den Rasterlinien in der Abbildung entspricht 10 cm = 1 dm. Damit hat ein Rasterquadrat den Flächeninhalt 1 dm2. Das Rechteck ist 28 Rasterlinien breit und 19 Rasterlinien hoch. Somit beträgt der Flächeninhalt $A = 28\,\text{dm} \cdot 19\,\text{dm} = 532\,\text{dm}^2 = 5{,}32\,\text{m}^2$. Das rechteckige Fenster an der Frontseite ist also $5{,}32\,\text{m}^2$ groß.

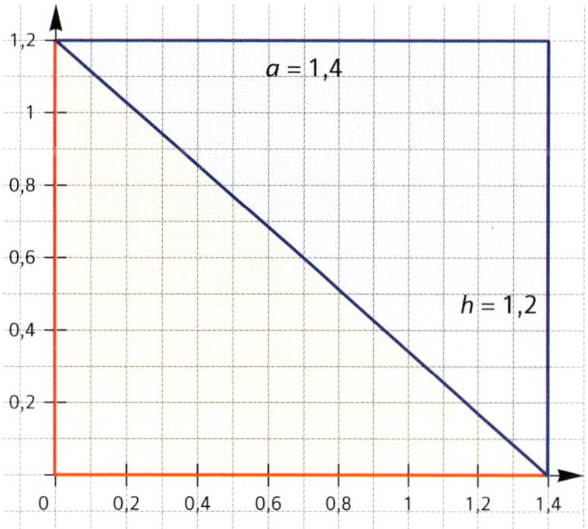

In der Abbildung steht das blaue Dreieck für das Fenster mit der Breite $a = 1{,}4\,\text{m}$ und der Höhe $h = 1{,}2\,\text{m}$. Vervollständigt man das blaue Dreieck durch Hinzufügen des orangen Dreiecks zu einem Rechteck, so hat dieses Rechteck die doppelte Größe des Fensterdreiecks.

Daher erhält man die Größe des blauen Dreiecks als Hälfte des Rechtecks mit der Breite 1,4 m und der Höhe 1,2 m.

$$A_{\text{Dreieck}} = \frac{1}{2} \cdot A_{\text{Rechteck}} = \frac{1}{2} \cdot 1{,}4\,\text{m} \cdot 1{,}2\,\text{m}$$
$$= \frac{1}{2} \cdot 1{,}68\,\text{m}^2 = 0{,}84\,\text{m}^2$$

Ein dreieckiges Seitenfenster ist also $0{,}84\,\text{m}^2$ groß.

Nun werden die Formen aus beiden Lernsituationen genauer betrachtet und allgemeine Formeln für die Berechnung von Rechtecken und Dreiecken hergeleitet.

5.2.2 Rechteck und Quadrat

In den Lernsituationen „Logo“ und „Glasgaube“ wurde die Formel zur Berechnung von Rechtecksflächen bereits genutzt. Hieraus ergibt sich die Formel für das Quadrat.

Satz

Ein **Rechteck** mit den Seitenlängen a und b hat den Flächeninhalt $A = a \cdot b$.

Ein **Quadrat** mit der Seitenlänge a hat den Flächeninhalt $A = a \cdot a = a^2$.

AUFGABEN

1. a) Geben Sie in m^2 an: 140 cm^2; 85 dm^2; 7,5 a; 4,8 ha; 2 370 dm^2
b) Wie viel cm^2 sind 60 mm^2; 3,2 dm^2; 1,75 m^2; 18,7 dm^2; 0,25 m^2?
c) Rechnen Sie in a um: 820 m^2; 4,5 ha; 1 275 m^2; 15,25 ha

2. Ein rechteckiger Arbeitsraum ist 12,80 m lang und 8,40 m breit. Wie viele Kunststoffplatten der Größe 40 cm · 40 cm benötigt man zum Belegen des Bodens?

3. Ein rechteckiger Bauplatz ist 9,8 a groß. Eine Seite ist 28 m lang. Berechnen Sie die Länge der anderen Seite.

4. Zwei quadratische Gartengrundstücke von je 75 m Seitenlänge sollen in drei gleich große Gartengrundstücke von je 60 m Länge umgewandelt werden. Wie breit wird jedes der drei neuen Grundstücke?

5. Nach einem Kahlschlag soll ein rechteckiges Waldstück von 240 m Länge und 180 m Breite wieder aufgeforstet werden. Für jeden Setzling ist ein quadratisches Flächenstück von 2 m Kantenlänge vorgesehen. Zum Schutz gegen Wildfraß soll die Gesamtfläche eingezäunt werden. 1 m Umzäunung kostet 4,00 €. Für Zaun und Setzlinge sind insgesamt 14 700,00 € zu zahlen. Wie viel kostet 1 Setzling?

6. Bei einer Flurbereinigung soll ein quadratisches Grundstück mit 48 m Seitenlänge und ein rechteckiges Grundstück mit den Seitenlängen 54 m und 36 m in ein flächengleiches rechteckiges Grundstück getauscht werden. Die Seitenlänge a des neuen Grundstückes beträgt 72 m.

a) Wie lang ist die andere Seite b des neuen Grundstücks?
b) Die 72 m lange Seite grenzt an einen Bach. Die anderen drei Seiten sollen eingezäunt werden. Wie viel kostet der Zaun, wenn für 1 m 7,50 € berechnet werden?

5.2.3 Dreieck

In Lernsituation „Glasgaube“ wurde die Fläche eines rechtwinkligen Dreiecks bestimmt, indem es als Teilfläche eines Rechtecks betrachtet wurde. Dieses Verfahren wird im Folgenden angewendet, um die Formel für den Flächeninhalt eines beliebigen Dreiecks zu beweisen.

Satz

Der Flächeninhalt eines **Dreiecks** mit der Grundseite g und der Höhe h ist $A = \frac{1}{2} \cdot g \cdot h$.

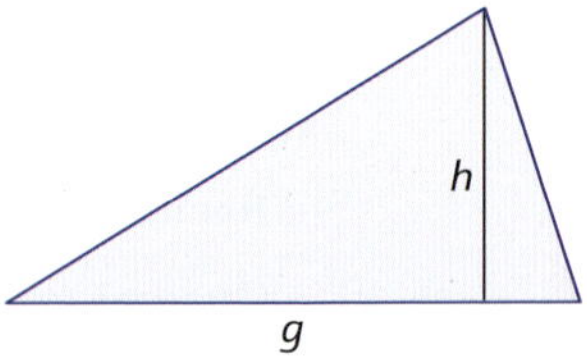

Beweis

Das Rechteck mit der Länge a und der Breite g ist gegeben. Durch die Strecke h, die die Höhe des Dreiecks darstellt, wird das große Rechteck in zwei kleine Rechtecke geteilt. Jedes der beiden Rechtecke wird wiederum durch das Dreieck in zwei Hälften geteilt. Insgesamt ist also die Fläche des Dreiecks die Hälfte der gesamten

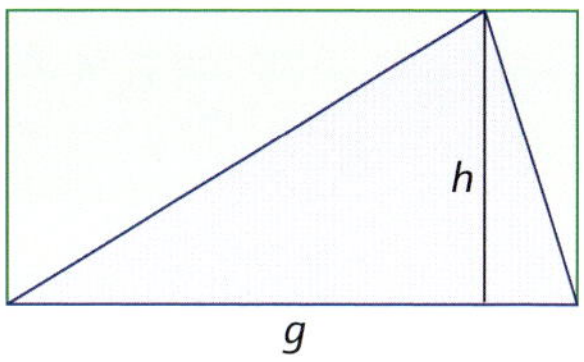

Rechtecksfläche. Also gilt $A = \frac{1}{2} \cdot g \cdot h$.

Im Beweis wurde die Grundseite g willkürlich festgelegt. Man hätte auch eine der beiden anderen Seiten als Grundseite nehmen können, wenn die Höhe senkrecht zu dieser Seite gewählt worden wäre. Daher gilt auch der folgende allgemeinere Satz:

Satz

Der Flächeninhalt eines Dreiecks mit den Seiten a, b und c mit den Höhen h_a, h_b und h_c ist
$A = \frac{1}{2} \cdot a \cdot h_a = \frac{1}{2} \cdot b \cdot h_b = \frac{1}{2} \cdot c \cdot h_c$.

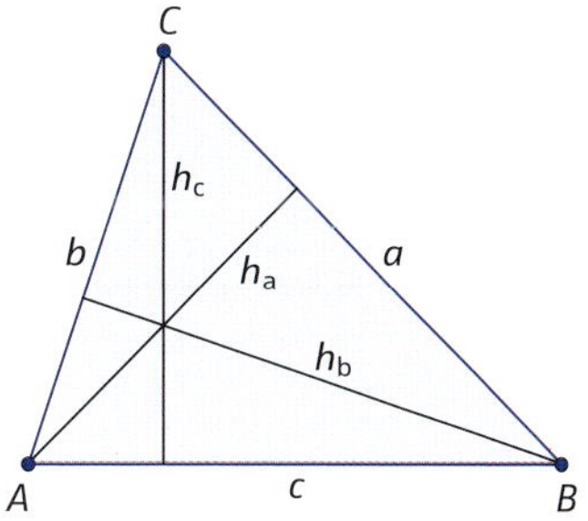

Durch das Einzeichnen der Höhe über der Seite eines Dreiecks teilt man ein Dreieck in zwei **rechtwinklige Dreiecke**. In einem rechtwinkligen Dreieck werden die beiden kurzen, an den rechten Winkel anliegenden Seiten als **Katheten** bezeichnet und die lange Seite als **Hypotenuse**.

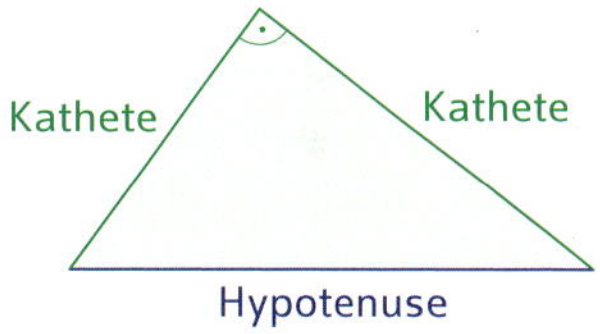

AUFGABEN

7. In einem Dreieck ist $a = 6{,}8\,\text{cm}$, $c = 7{,}2\,\text{cm}$, $h_c = 5{,}1\,\text{cm}$. Berechnen Sie h_a.

8. Berechnen Sie den Flächeninhalt …

a) eines rechtwinkligen Dreiecks mit den Katheten $a = 5{,}8\,\text{cm}$, $b = 4{,}5\,\text{cm}$;
b) eines rechtwinklig-gleichschenkligen Dreiecks mit der Kathete $a = 5{,}2\,\text{cm}$.

9. Berechnen Sie den Flächeninhalt eines Quadrates mit der Diagonalen $e = 7\,\text{cm}$.

5.2.4 Vierecke

Allgemeinere Vierecke wie das Parallelogramm, das Trapez und der Drachen lassen sich auf Dreiecke zurückführen, aus denen sie zusammengesetzt sind. So ergeben sich für ihre Flächeninhalte die folgenden Formeln.

Parallelogramm

Ein Parallelogramm ist ein Viereck, in dem je zwei gegenüberliegende Seiten parallel sind.

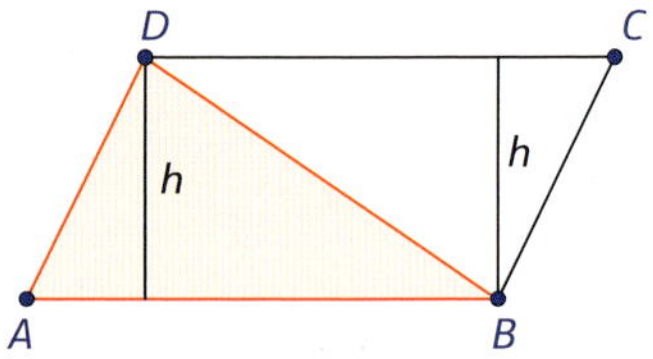

Die Diagonalen zerlegen das Parallelogramm in zwei Dreiecke. Diese Dreiecke sind gleich groß, da die Länge der Grundseiten gleich ist und die Höhe gleich ist.

Satz

Ein Parallelogramm mit den Seiten a und b und den Höhe h_a und h_b hat den Flächeninhalt

$A = a \cdot h_a = b \cdot h_b$.

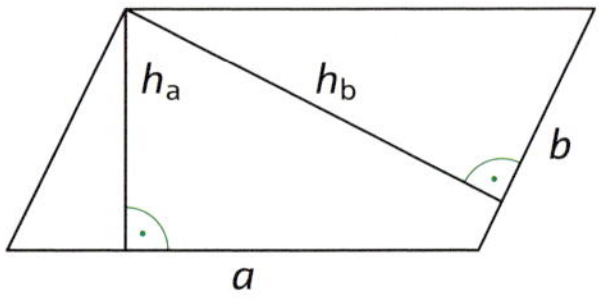

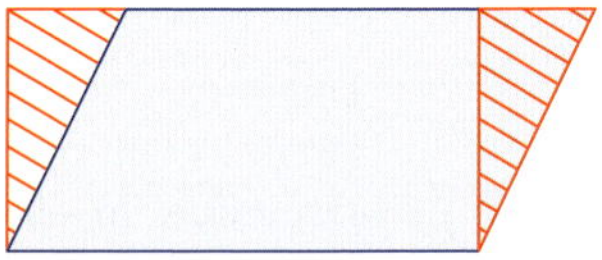

In der nebenstehenden Abbildung lässt sich erkennen, dass das schraffierte Dreieck an der rechten Seite des Parallelogramms die Restfläche zu einem Rechteck ergänzt, wenn man es abschneidet und links anfügt. Somit gilt offensichtlich die Formel „Fläche = Breite mal Höhe“ auch für das Parallelogramm.

Trapez

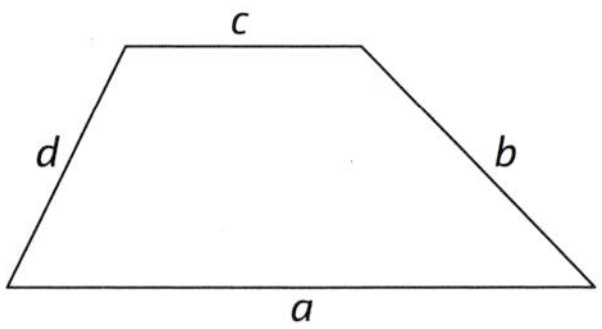

Im Gegensatz zum Parallelogramm hat ein Trapez nur zwei parallele Seiten. In der Abbildung sind die Seiten a und c parallel.

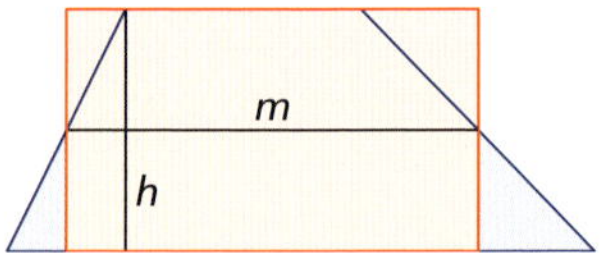

Der Flächeninhalt eines Trapezes wird deutlich, wenn man ein flächengleiches Rechteck einzeichnet. Dazu wird in das Trapez die Mittelparallele m eingezeichnet. Die Mittelparallele ist die Strecke zwischen den Mittelpunkten der Seiten b und d. Das Rechteck mit der Breite m und der Höhe h des Trapezes ist genauso groß wie das Trapez, da die blauen und orangen Dreiecke flächengleich sind.

Satz

Ein Trapez mit der Mittelparallele m und der Höhe h hat den Flächeninhalt $A = m \cdot h$.

Die nebenstehende Abbildung illustriert das „Einklappen" der unteren Dreiecke zu einem Rechteck.

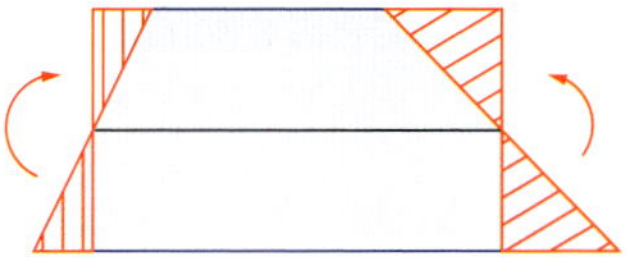

Drachen

Ein **Drachen** ist ein Viereck, in dem eine der Diagonalen Symmetrieachse ist. Alternativ könnte man einen Drachen als ein Viereck definieren, in dem zwei Paare benachbarter Seiten gleich lang sind.
Bei dem abgebildeten Drachen ist die Diagonale $\overline{AC}$ eine Symmetrieachse. Die Strecken $\overline{AB}$ und $\overline{AD}$ sowie $\overline{CB}$ und $\overline{CD}$ sind jeweils gleich lang.
Die Diagonalen eines Drachens schneiden sich senkrecht.
Die Symmetrieachse e zerlegt das Drachenviereck in zwei Dreiecke mit der Grundseite e und der Höhe $\frac{1}{2}f$.
Daher sind die Dreiecke ABC und ACD gleich groß.
Der Flächeninhalt des Trapezes ist daher
$A = 2 \cdot \frac{1}{2} \cdot e \cdot \frac{1}{2} f = \frac{1}{2} \cdot e \cdot f.$

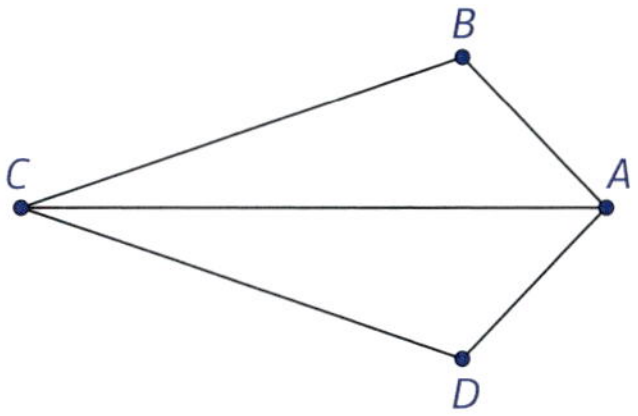

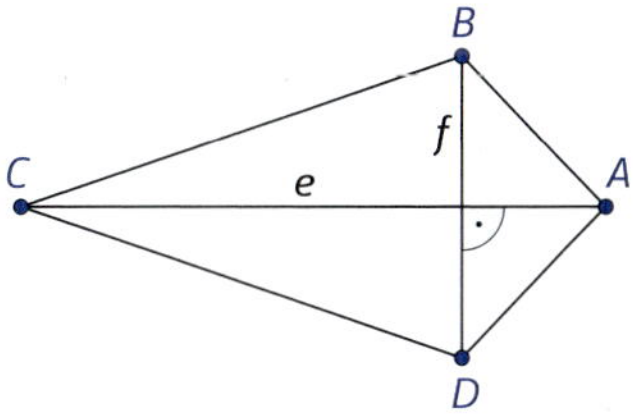

Satz

Ein Drachen mit den Diagonalen e und f hat den Flächeninhalt $A = \frac{1}{2} \cdot e \cdot f.$

Auch die Formel für die Fläche eines Drachens lässt sich durch „Einklappen" bzw. Verschieben von Dreiecken zu einem Rechteck veranschaulichen.

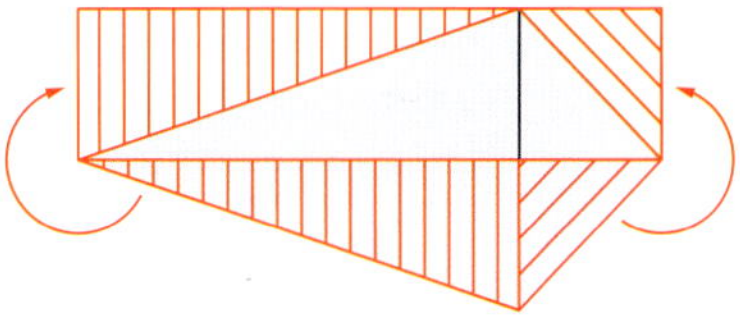

AUFGABEN

1. In einem Parallelogramm ist $a = 6{,}8\,\text{cm}$, $b = 5{,}1\,\text{cm}$, $h_a = 4{,}5\,\text{cm}$. Berechnen Sie h_b.

2. Von einem Parallelogramm sind gegeben $a = 6{,}5\,\text{cm}$, $h_b = 5{,}5\,\text{cm}$, $A = 28{,}6\,\text{cm}^2$. Berechnen Sie h_a und b.

3. Ein Parallelogramm mit $a_1 = 6\,\text{cm}$, $b_1 = 5\,\text{cm}$, $h_b = 5{,}4\,\text{cm}$ soll in ein flächengleiches Rechteck von gleicher Länge $a_2 = 6\,\text{cm}$ verwandelt werden. Berechnen Sie die Breite b_2 des Rechtecks

4. Von einem Trapez sind gegeben: Berechnen Sie:

a) $a = 7{,}6\,\text{cm}$, $c = 3{,}4\,\text{cm}$, $h = 4{,}2\,\text{cm}$	A
b) $m = 5{,}5\,\text{cm}$, $A = 25{,}3\,\text{cm}^2$	h
c) $a = 8{,}2\,\text{cm}$, $h = 4{,}4\,\text{cm}$, $A = 26{,}4\,\text{cm}^2$	c
d) $c = 1{,}80\,\text{m}$, $h = 90\,\text{cm}$, $A = 2{,}25\,\text{m}^2$	a

5. Ein Drachen hat die Diagonalen $e = 7{,}5\,\text{cm}$ und $f = 6{,}8\,\text{cm}$. Berechnen Sie den Flächeninhalt.

6. Berechnen Sie den Flächeninhalt einer Raute mit den Diagonalen $e = 9\,\text{cm}$, $f = 6\,\text{cm}$.

5.2.5 Zusammengesetzte geradlinig begrenzte Flächen

Häufig sind Flächeninhalte von geradlinig begrenzten Figuren (Vielecken) gesucht, die nicht die bisher vorgestellten Formen haben, also keine Rechtecke, Dreiecke, Parallelogramme, Trapeze oder Drachen sind. Diese Vielecke kann man jedoch in die bekannten Grundfiguren zerlegen und so die jeweilige Fläche ermitteln.

Lernsituation: Golfplatz

Einem Golfverein wird ein Grundstück für einen neuen Golfplatz angeboten. Das Grundstück hat die Form eines Fünfecks. In einem Koordinatensystem hat es die Eckpunkte $A(1|0)$, $B(2|0)$, $C(4|3)$, $D(3|5)$ und $E(0|3)$. Dabei entspricht eine Längeneinheit 100 m.

Bestimmen Sie den Flächeninhalt des Grundstücks.

Lösung

Zunächst wird das Fünfeck *ABCDE* in das Trapez *ABCE* und in das Dreieck *ECD* zerlegt.

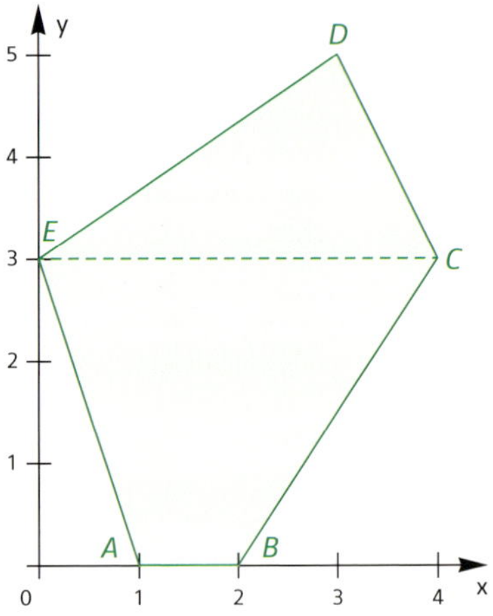

Die parallelen Seiten des Trapezes sind 1 LE und 4 LE lang, die Höhe beträgt 3 LE. Damit gilt für die Fläche des Trapezes:

$$A_{\text{Trapez}} = \frac{1}{2} \cdot (1\text{ LE} + 4\text{ LE}) \cdot 3\text{ LE} = 7{,}5\text{ LE}^2$$

Die Grundseite des Dreiecks ist 4 LE lang, die Höhe beträgt 2 LE. Somit ist der Flächeninhalt des Dreiecks:

$$A_{\text{Dreieck}} = \frac{1}{2} \cdot 4\text{ LE} \cdot 2\text{ LE} = 4\text{ LE}^2$$

Die Fläche des Fünfecks beträgt damit $11{,}5\text{ LE}^2$.

Umrechnen der Flächeneinheiten:
$1\text{ LE}^2 = 1\text{ LE} \cdot 1\text{ LE} = 100\,\text{m} \cdot 100\,\text{m} = 10\,000\,\text{m}^2 = 1\text{ ha}$.

Also entsprechen $11{,}5\text{ LE}^2 = 11{,}5\text{ ha} = 115\,000\,\text{m}^2$.

Das Grundstück für den neuen Golfplatz ist 11,5 Hektar groß.

In der Lernsituation wäre auch eine andere Zerlegung des Vielecks möglich gewesen und hätte zu demselben Flächeninhalt geführt. So ist zum Beispiel eine Zerlegung in Dreiecke für jedes Vieleck möglich. Mithilfe einer Zeichnung erkennt man die Zerlegungsmöglichkeiten und kann die Längen der Strecken ablesen.

AUFGABEN

Wählen Sie in den Aufgaben für das Achsenkreuz die LE 1 cm.

1. Bestimmen Sie den Flächeninhalt des Dreiecks *ABC*.

a) $A(1\,|\,1{,}5)$, $B(5\,|\,1{,}5)$, $C(6\,|\,6)$
b) $A(0\,|\,3)$, $B(5{,}5\,|\,0)$, $C(5{,}5\,|\,5)$
c) $A(0\,|\,0)$, $B(6\,|\,2)$, $C(2\,|\,5)$

Anleitung zu c): Tragen Sie die Punkte $D(2\,|\,0)$ und $E(6\,|\,0)$ in das Achsenkreuz. Berechnen Sie den Flächeninhalt des Trapezes *CDEB* und der Dreiecke *ADC* und *AEB* und bestimmen Sie dann den Flächeninhalt des Dreiecks *ABC*.

2. Gegeben sind die folgenden Eckpunkte. Berechnen Sie den Flächeninhalt des Vierecks *ABCD*.

a) $A(4\,|\,0)$, $B(6\,|\,3)$, $C(3\,|\,7)$, $D(1\,|\,3)$
b) $A(1\,|\,1)$, $B(5\,|\,3)$, $C(8\,|\,1)$, $D(4\,|\,6)$

3. Berechnen Sie den Flächeninhalt des Fünfecks *ABCDE*.

a) $A(2\,|\,0)$, $B(7\,|\,0)$, $C(5\,|\,4)$, $D(6\,|\,7)$, $E(0\,|\,4)$
b) $A(3\,|\,0)$, $B(8\,|\,2)$, $C(7\,|\,6)$, $D(3\,|\,8)$, $E(1\,|\,4)$
c) $A(0\,|\,4)$, $B(4\,|\,0)$, $C(8\,|\,2)$, $D(5\,|\,4)$, $E(6\,|\,7)$

4. Ein Gartengrundstück hat die Form eines Parallelogramms mit den Seiten $|\overline{AB}| = 64\,\text{m}$, $|\overline{BC}| = 40\,\text{m}$ und $\sphericalangle ABC = 110°$. Bei einer Flurbereinigung soll das Grundstück in ein Rechteck von 50 m Länge umgewandelt werden. Wie breit wird das Rechteck? Zeichnen Sie im Maßstab 1 : 1000.

5. Eine Wiese hat die Form eines Trapezes mit den Grundseiten $|\overline{AB}| = 85\,\text{m}$ und $|\overline{CD}| = 35\,\text{m}$, dem Schenkel $|\overline{BC}| = 56\,\text{m}$ und $\sphericalangle ABC = 60°$. Zeichnen Sie das Trapez im Maßstab 1 : 1000. Bei einer Flurbereinigung wird die Wiese in ein Rechteck von 50 m Breite umgewandelt. Berechnen Sie die Länge des Rechtecks.

6. Berechnen Sie die abgebildeten Grundstücksflächen (Maße in m).

a)

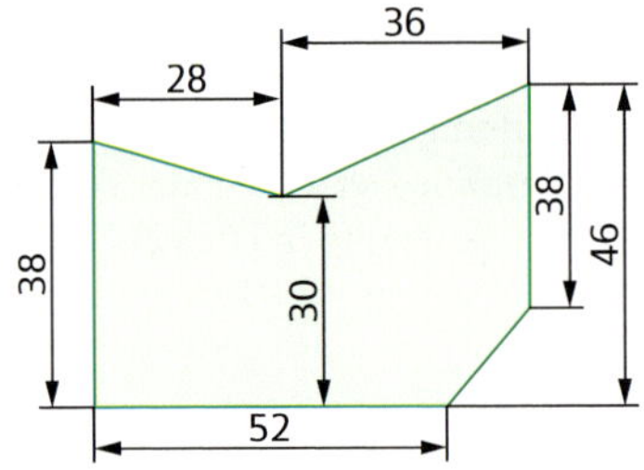

b)

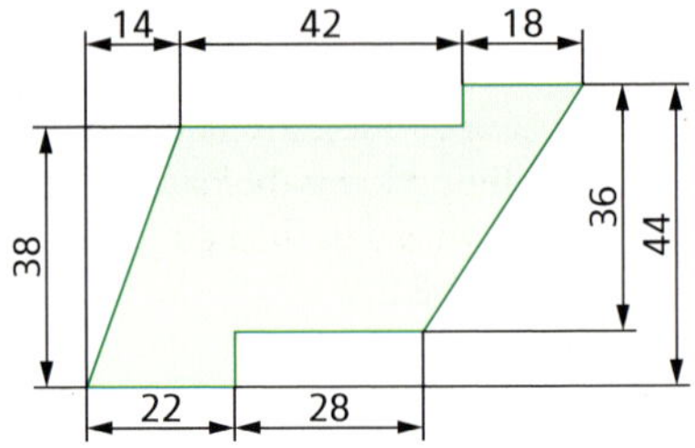

7. Die Grenze *BCDE* des Grundstücks *ABCDEF* soll durch die Strecke $\overline{BG}$ begradigt werden. Wie lang muss die Strecke $\overline{EG}$ sein, damit für die benachbarten Grundstückseigentümer kein Nachteil entsteht? (Maße in m).

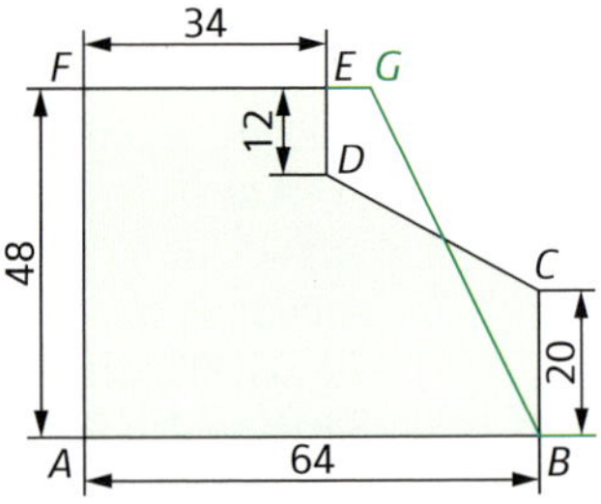

8. Zwischen zwei parallelen Wegen *p* und *q* liegen zwei Grundstücke G_1 und G_2 mit der Grenzlinie *ABC*. Diese Grenzlinie soll durch die Strecke $\overline{DE}$ begradigt werden, die senkrecht zu den parallelen Wegen verläuft. Welche Länge muss die Strecke $\overline{AD}$ erhalten, damit für die Eigentümer von G_1 und G_2 kein Nachteil entsteht? (Maße in m).

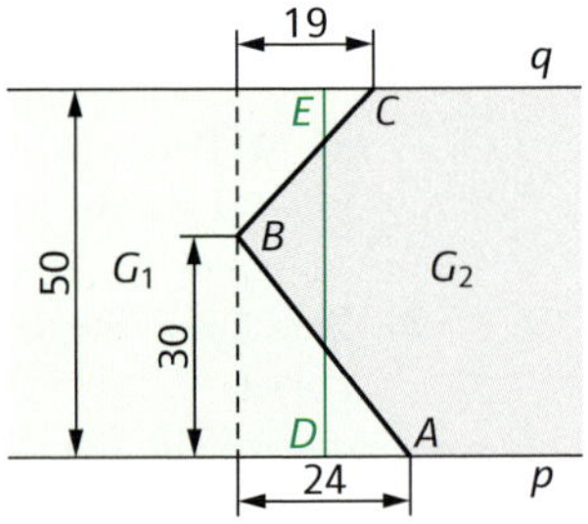

9. Ein 10 m hoher Lichtmast, der an der Straße steht, ist umgeknickt. Wie viel Meter der Straße sind gesperrt, wenn der Mast in 3 m Höhe geknickt ist? Lösen Sie die Aufgabe zeichnerisch im Maßstab 1 : 100 und rechnerisch.

10. Aus einem Draht der Länge $u = 1\,\text{m}$ soll das Modell eines Rechtecks hergestellt werden. Wie groß sind die Seiten des Rechtecks, wenn sein Flächeninhalt $A = 400\,\text{cm}^2$ sein soll?

11. Ein Spiegel von 60 cm Höhe und 56 cm Breite soll ringsum mit einem Rahmen von gleichbleibender Breite umgeben werden, sodass die Rahmenfläche gleich der Glasfläche wird. Wie breit muss der Rahmen werden?

12. Von einem rechteckigen Grundstück an einer Straßenecke muss der Eigentümer für einen Parkstreifen einen zwei Meter breiten Streifen längs der gesamten Straßenfront abtreten. Das neue Grundstück hat eine Fläche von $1\,200\,\text{m}^2$; die Fläche des ursprünglichen Grundstücks war um 12 % größer. Berechnen Sie die Seitenlängen des alten und des neuen Grundstückes.

5.2.6 Kreis

Bislang wurden Flächen von gradlinig begrenzten Figuren behandelt. Nun wird eine nicht gradlinig begrenzte Figur, der Kreis, betrachtet. Zur Herleitung der Formel für den Kreisinhalt wird das oben angewendete Prinzip der Zerlegung in Dreiecke und Rechtecke auch hier genutzt.

Lernsituation: Kreisverkehr

Ein Kreisverkehr mit einem Durchmesser von 42 m hat in der Mitte eine begrünte Verkehrsinsel mit dem Durchmesser 8,4 m. Ermitteln Sie die Größe der asphaltierten Fläche.

Lösung

Die gesuchte Fläche sei A, die Fläche des Gesamtplatzes A_1, die Fläche der Verkehrsinsel A_2. Da der Durchmesser der Gesamtfläche 42 m beträgt, ist $r_1 = 21$ m und der Radius der begrünten Innenfläche ist $r_2 = 4{,}2$ m (vgl. Abbildung).

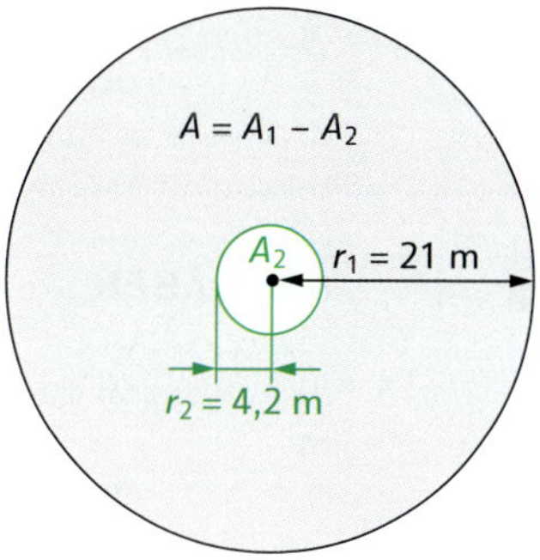

Die gesuchte graue Fläche ist die Differenz zwischen Gesamtfläche und Innenkreisfläche, also $A = A_1 - A_2$. Zur Berechnung der Kreisinhalte wird die Formel πr^2 genutzt.

Berechnung von A_1

$A_1 = \pi r_1^2$

$A_1 = 3{,}14 \cdot (21\,\text{m})^2$

$\underline{A_1 = 1\,384{,}7\,\text{m}^2}$

Berechnung von A_2

$A_2 = \pi r_2^2$

$A_2 = 3{,}14 \cdot (4{,}2\,\text{m})^2$

$\underline{A_2 = 55{,}4\,\text{m}^2}$

Berechnung von A

$A = A_1 - A_2$

$A = 1\,384{,}7\,\text{m}^2 - 55{,}4\,\text{m}^2$

$\underline{A = 1\,329{,}3\,\text{m}^2}$

Somit hat die asphaltierte Fläche eine Größe von 1 329,3 m².

In der Lernsituation wurde genutzt, dass sich die Kreisfläche mit der Formel $A = \pi r^2$ berechnen lässt. Dieser Zusammenhang wird im Folgenden bewiesen.

Satz

Ein Kreis mit dem Radius r hat die Kreisfläche $A = \pi \cdot r^2$.

Beweis

In der linken Abbildung ist die Kreisfläche in 16 Segmente, die dreiecksähnlich sind, zerlegt. Diese 16 Segmente sind in der rechten Abbildung zu einer rechteckähnlichen Figur zusammengesetzt.

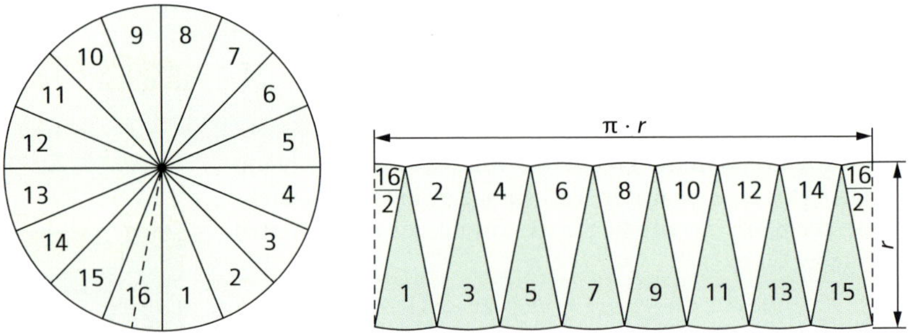

Vergrößert man die Anzahl der dreiecksähnlichen Figuren, so nähert sich die rechteckähnliche Figur immer mehr einem Rechteck. Alle Dreiecksgrundseiten zusammen ergeben den Kreisumfang $2\pi r$. Die Seiten des Rechtecks sind demnach der Radius r und der halbe Kreisumfang πr. Die Fläche des Kreises ist daher $A = \pi r \cdot r = \pi \cdot r^2$.

AUFGABEN

1. Berechnen Sie zu den gegebenen Werten eines Kreises jeweils die Fläche oder den Radius.

a) $d = 2{,}1\,\text{m}$ b) $r = 3{,}5\,\text{cm}$ c) $A = 8{,}8\,\text{cm}^2$ d) $A = 154\,\text{m}^2$

2. Zum Anschluss eines Elektroherds wird in der Regel ein entsprechendes Kabel benötigt. Häufig wird dafür ein 5-adriges Kabel verlegt, d.h. das Kabel hat im Inneren fünf Leitungsdrähte.
Berechnen Sie den Durchmesser eines Leitungsdrahtes mit $55\,\text{mm}^2$ Querschnitt.

3. Für die Gestaltung eines Parks benötigt ein Landschaftsgärtner die Inhalte der geometrischen Figuren (schraffierte Flächen in den unteren Abbildungen). Ermitteln Sie die Flächeninhalte allgemein und für $a = 2\,\text{m}$.

a)
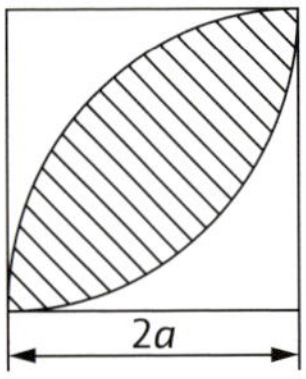

b)
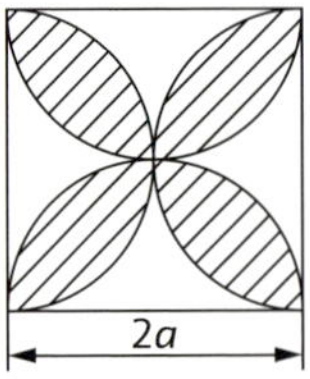

c)
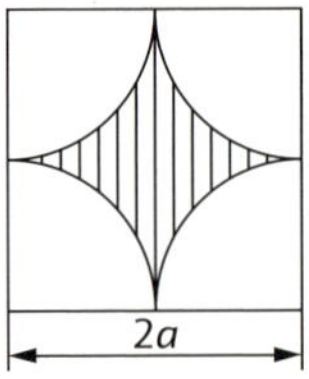

4. Berechnen Sie den Unterschied zwischen dem Flächeninhalt eines Quadrats und dem eines Kreises, wenn beide Figuren einen Umfang von $U = 44\,\text{cm}$ haben.

5. Berechnen Sie den Unterschied zwischen dem Umfang eines Quadrats und dem eines Kreises, wenn beide Figuren einen Flächeninhalt von $A = 154\,\text{cm}^2$ haben.

6. Cem will für sich und seine Freundin Pizza kaufen. Er überlegt, ob er zwei Stück zu je 8,00 € oder eine große Pizza zu 15,50 € nehmen soll. Der Durchmesser der kleinen Pizza beträgt 28 cm. Die große Pizza hat einen Durchmesser von 40 cm. Welcher Kauf ist günstiger?

7. Ein regionaler Sender hat eine Funkreichweite von 90 km. Überschlagen Sie, wie groß sein Einzugsgebiet ist.

8. In eine kreisrunde Fläche ist ein quadratisches Spielfeld einbeschrieben. Die Eckpunkte des Spielfelds liegen auf der Kreislinie. Der Umfang des Kreises beträgt 282,60 m.

a) Berechnen Sie den Radius r des Kreises.
b) Berechnen Sie die Seitenlänge a des Spielfelds.

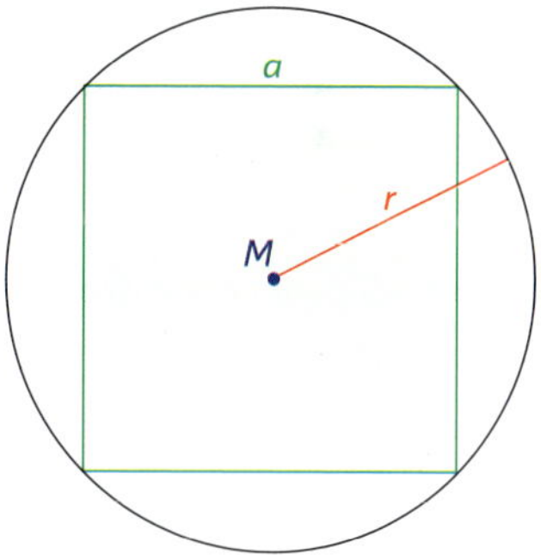

9. Aus einer quadratischen Korkplatte mit der Seitenlänge 1 m soll ein 30 cm breiter Rettungsring mit möglichst großem Außendurchmesser ausgeschnitten werden. Berechnen Sie den Flächeninhalt des Kreisrings.

5.3 Volumenberechnung von prismatischen und zylindrischen Körpern

5.3.1 Maße für den Rauminhalt

Zunächst werden Körper untersucht, die durch Rechtecke begrenzt sind. Solche Körper begegnen uns im Alltag sehr häufig:

Definition

Ein Körper mit sechs rechteckigen Seitenflächen heißt **Quader**.

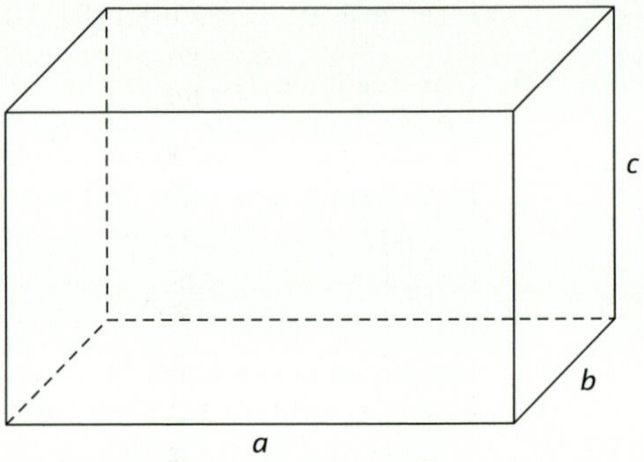

Die gegenüberliegenden Seiten eines Quaders sind jeweils gleich, man sagt, sie sind **kongruent**.

Ein Spezialfall eines Quaders ist der Würfel.

Definition

Sind bei einem Quader alle Seitenflächen gleich groß, spricht man von einem **Würfel**.

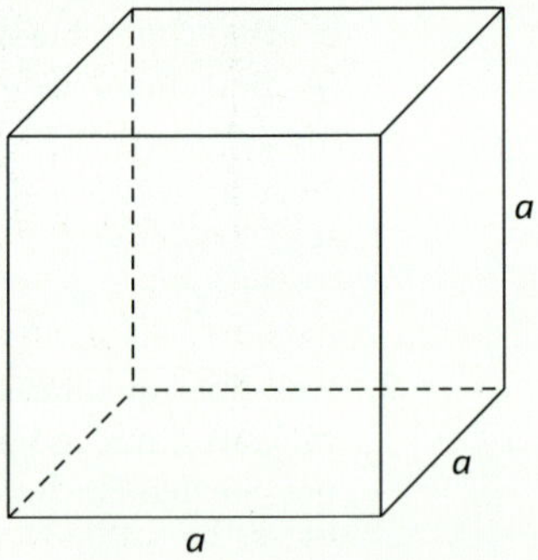

Lernsituation: Umverpackung

Ein Hersteller von Smartwatches bezieht von einer Blechwarenfabrik würfelförmige Blechdosen mit der Kantenlänge 10 cm. Die Dosen dienen als Verkaufsverpackung für die Uhren.

Die Dosen werden in Kartons geliefert, die 40 cm lang, 30 cm breit und 20 cm hoch sind. Ermitteln Sie, wie viele Dosen in einen Karton passen.

Lösung

Eine Dose ist ein Würfel der Kantenlänge 10 cm = 1 dm. Das Volumen eines Würfels ist somit 1 dm · 1 dm · 1 dm = 1 dm³.

Im Schrägbild ist der Karton dargestellt. Dabei ist die Breite des Kartons mit *a*, die Länge mit *b* und die Höhe mit *c* bezeichnet. Man erkennt, dass 4 · 3 · 2 = 24 Blechdosen in den Karton passen. Da eine Dose 1 dm³ Volumen hat, beträgt der Rauminhalt des Kartons 24 dm³.

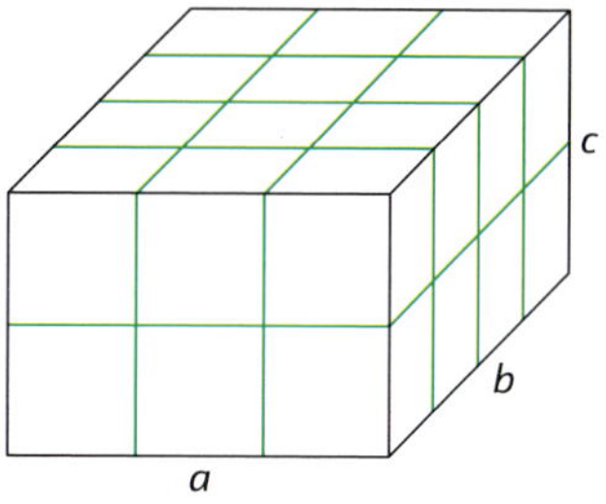

In der Lernsituation „Umverpackung“ wurde das Volumen eines Würfels und das eines Quaders berechnet. Im Folgenden werden diese Figuren erneut betrachtet, um Formeln für die Berechnung ihrer Flächeninhalte aufzustellen.

Zum Messen des Rauminhalts benötigt man eine **Raumeinheit**. Diese erhält man, indem die Längeneinheit mit 3 potenziert wird. Dazu müssen die Längen dieselbe Maßeinheit haben. Der Rauminhalt kann dann in Vielfachen des Einheitswürfels – eines Würfels mit der Kantenlänge von einer Längeneinheit – angegeben werden. Ausgehend von den Längeneinheiten erhält man als Raumeinheiten:

Kantenlänge des Einheitswürfels	1 mm	1 cm	1 dm	1 m	1 km
Rauminhalt des Einheitswürfels	1 mm³	1 cm³	1 dm³	1 m³	1 km³

Bei der Umrechnung von Raumeinheiten ist zu beachten, dass das Volumen dreidimensional ist und die Umrechnungsfaktoren der Grundeinheit daher dreimal vorkommen, denn der Exponent 3 an der Einheit gilt auch für den Umrechnungsfaktor der Längeneinheit.

In der Lernsituation war der Rauminhalt der Blechdose 1 dm³. Die Umrechnung in cm³ ergibt:

$$1\,dm^3 = 1\,dm \cdot 1\,dm \cdot 1\,dm = (1\,dm)^3 = 10\,cm \cdot 10\,cm \cdot 10\,cm = (10\,cm)^3 = 1\,000\,cm^3$$

Merke

Umrechnungsfaktoren sind:

$1\,cm^3 = 1\,000\,mm^3$

$1\,dm^3 = 1\,000\,cm^3 = 1\,000\,000\,mm^3 = 1$ Liter

$1\,m^3 = 1\,000\,dm^3 = 1\,000\,000\,cm^3 = 1\,000\,000\,000\,mm^3$

$1\,km^3 = 1\,000\,000\,000\,m^3$

5.3.2 Quader und Würfel

In der Lernsituation „Umverpackung“ wurde das Volumen des Quaders als Anzahl der Einheitswürfel, die in den Quader passen, berechnet. Durch Verallgemeinerung des Lösungswegs ergibt sich der folgende Satz:

Satz

Ein **Quader** mit den Kantenlängen a, b und c hat den Rauminhalt $V = a \cdot b \cdot c$ und die Oberfläche $O = 2ab + 2ac + 2bc = 2 \cdot (ab + ac + bc)$.

Die Aussage über die Oberfläche des Quaders ergibt sich daraus, dass die Oberfläche aus sechs Rechtecken zusammengesetzt ist, wobei je zwei Rechtecke denselben Flächeninhalt haben.

Im Spezialfall des Würfels sind alle Kantenlängen gleich, d. h. es gilt $a = b = c$. Damit folgt:

Satz

Ein **Würfel** mit der Kantenlänge a hat den Rauminhalt $V = a^3$ und die Oberfläche $O = 6 \cdot a^2$.

AUFGABEN

1. a) Geben Sie in cm^3 an: $4\,dm^3$; $5{,}75\,dm^3$; $2{,}8\,\ell$; $0{,}125\,\ell$; $0{,}5\,m^3$
b) Wie viel dm^3 oder ℓ sind $2\,500\,cm^3$; $375\,cm^3$; $40\,cm^3$; $4{,}5\,m^3$; $0{,}75\,m^3$?
c) Rechnen Sie in m^3 um: $8\,200\,dm^3$; $620\,dm^3$; $25\,\ell$; $3{,}5\,\ell$; $50\,000\,cm^3$

2. Wie groß ist die Seitenkante a eines Würfels, dessen Volumen $V = 64\,cm^3$ beträgt? Berechnen Sie die Oberfläche des Würfels.

3. Wie groß ist die Seitenkante a eines Würfels, dessen Oberfläche $O = 24\,cm^2$ beträgt? Berechnen Sie das Volumen des Würfels.

4. Eine Tafel Zinkblech hat eine Stärke von 1,2 mm und ist 150 cm lang und 80 cm breit.

a) Bestimmen Sie das Volumen der Tafel.
b) Das spezifische Gewicht von Zink beträgt $7{,}14\,g/cm^3$, d. h. $1\,cm^3$ Zink wiegt 7,14 g. Bestimmen Sie das Gewicht der Tafel.

5. Ein Schwimmbecken ist 50 m lang, 15 m breit und überall 2 m tief.

a) Berechnen Sie das Volumen des Beckens in m^3.
b) Zur Befüllung des Beckens wird durch ein Rohr in einer Minute 800 Liter Wasser gepumpt. Ermitteln Sie, nach welcher Zeit das Becken voll ist.

6. Ein Swimmingpool ist 8 m lang, 5 m breit und 2,4 m tief. Das Wasser steht 1,95 m hoch. Nun soll der Pool bis zum Rand mit Wasser gefüllt werden. Die Wasserleitung liefert in jeder Minute 50 Liter Wasser. Berechnen Sie, wie lange das Auffüllen dauert.

7. Ein Swimmingpool ist 8 m lang, 3 m breit und 2,4 m tief. Um den Swimmingpool zu füllen, fließen 80 Liter pro Minute in das Becken.

a) Berechnen Sie, wie viel Liter Wasser der Swimmingpool fasst.
b) Bestimmen Sie, wie lange es dauert, bis der Swimmingpool ganz gefüllt ist.
c) Berechnen Sie, wie hoch das Wasser nach fünf Stunden Füllzeit steht.

8. Zum Bau eines Hauses wird eine Baugrube von 30 m Länge, 12 m Breite und 4 m Tiefe ausgebaggert. Der ausgebaggerte feste Boden wird zur Abfuhr aufgeschüttet. Dabei ergeben 10 m³ fester Boden 11 m³ lockeren Boden. Zur Abfuhr des lockeren Bodens stehen zwei Lkw mit einem Fassungsvermögen von jeweils 12 m³ zur Verfügung. Ermitteln Sie, wie oft jeder Lkw fahren muss.

9. Ehepaar Sauber schwärmt von ihrer neuen Badewanne, die 2,25 m lang, 1,5 m breit und 1 m tief ist. Die Maße ihrer alten Wanne waren jeweils um ein Fünftel geringer. Wie viel muss Ehepaar Sauber jetzt für ein Vollbad mehr zahlen, wenn 1 m³ Wasser 1,65 € kostet?

10. Aus drei Würfeln aus Gold mit den Kantenlängen 0,3 cm, 0,4 cm und 0,5 cm stellt ein Goldschmied einen neuen Würfel her. Welche Kantenlänge hat der neue Würfel?

11. Ermitteln Sie jeweils die fehlenden Werte für die vorgegebenen Daten eines Quaders.

	Breite a	Länge b	Höhe c	Volumen V	Oberfläche O
a)	4 cm	4 cm	7 cm		
b)	3 cm	10 cm	5 cm		
c)	7 cm	2 cm		70 cm³	
d)		1 m	4 m	28 m³	
e)	6 dm		2 dm	72 dm³	
f)	2 cm	11 cm			96 cm²
g)	3 m	18 m		432 m³	
h)		2 mm	5 mm		76 mm²

12. Ermitteln Sie jeweils die fehlenden Werte für die vorgegebenen Daten eines Quaders. Beachten Sie dabei die Einheiten.

	Breite *a*	Länge *b*	Höhe *c*	Volumen *V*	Oberfläche *O*
a)	40 mm	4 cm	0,7 dm		
b)	3 cm	1 dm	5 cm		
c)	20 mm	70 mm		70 cm³	
d)		10 cm	4 dm	28 dm³	
e)	6 m		200 cm		120 m²
f)	2 cm		0,2 dm		96 cm²
g)		1,8 m	8 dm	432 dm³	
h)			5 m	40 m³	76 m²

5.3.3 Prismen

Bei den bisher betrachteten Körpern waren alle Seiten jeweils Rechtecke. Jetzt werden Figuren untersucht, bei denen zwei gegenüberliegende Seiten Vielecke sind und die restlichen Seitenflächen Rechtecke. Diese Figuren heißen Prismen.

Lernsituation: Spitzboden

Familie Aydin möchte den Spitzboden ihres Hauses ausbauen.

Bestimmen Sie das Volumen des Dachbodens, der 12 m lang, 6 m breit und an der höchsten Stelle 4 m hoch ist.

Lösungen

Die Giebelseite des Raums hat die Form eines Dreiecks mit der Grundseite $a = 6\,\text{m}$ und der Höhe $h_d = 4\,\text{m}$. Die Länge des Raums wird mit $h = 12\,\text{m}$ bezeichnet, da sie für die Höhe eines Prismas mit der Giebelwand als Grundseite steht.

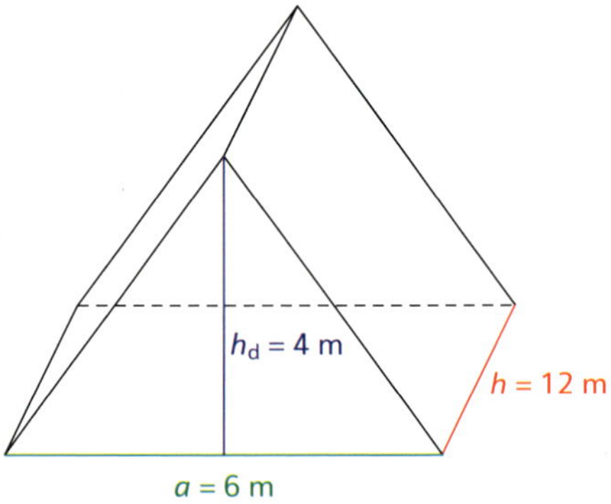

Die Giebelwand hat damit die Fläche

$A = \frac{1}{2} \cdot a \cdot h_d = \frac{1}{2} \cdot 6\,\text{m} \cdot 4\,\text{m} = 12\,\text{m}^2.$

Multipliziert man diese Fläche mit der Länge des Raums, d.h. mit der Höhe des Prismas, so erhält man das Volumen $V = 12\,\text{m}^2 \cdot 12\,\text{m} = 144\,\text{m}^3$.

Das Volumen des auszubauenden Dachbodens beträgt also $144\,\text{m}^3$.

Die Figur in der Lernsituation ist ein Prisma mit dreieckiger Grundfläche. Im Folgenden wird zunächst ein Prisma definiert und danach bewiesen, warum die oben verwendete Formel stimmt.

Definition

Ein Körper, dessen Grundfläche G ein Vieleck und dessen Seitenflächen Rechtecke sind, die senkrecht auf G stehen, heißt **senkrechtes Prisma**.

In der Lernsituation wurde der folgende Zusammenhang angewendet:

Satz

Ein senkrechtes Prisma mit der Grundfläche G und der Höhe h hat das Volumen $V = G \cdot h$.

Beweis

Bei dem Beweis dieses Satzes wird in drei Schritten vorgegangen: Zunächst wird der Satz für rechtwinklige Dreiecke als Grundfläche bewiesen, dann für beliebige Dreiecke und zuletzt für beliebige Vielecke.

Ein Quader mit den Kantenlängen a, b und h hat das Volumen $V = a \cdot b \cdot h$. Definiert man die untere Fläche $G = a \cdot b$ als Grundfläche, so ist das Volumen $V = G \cdot h$.

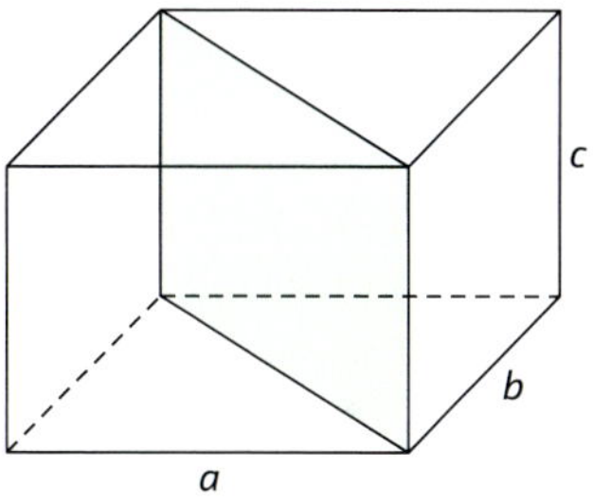

Wird der Quader wie in der Abbildung in zwei Hälften zerlegt, so entstehen zwei gleiche, senkrechte Prismen. Die Grundflächen der Prismen sind die rechtwinkligen Dreiecke G_1 und G_2 mit dem jeweiligen Flächeninhalt $A = \frac{1}{2} a \cdot b$. Für das Volumen eines dieser Prismen gilt somit $V = \frac{1}{2} a \cdot b \cdot h = \frac{1}{2} G \cdot h$.

Diese Formel gilt auch für Prismen über beliebigen Dreiecken, da sich jedes Dreieck in zwei rechtwinklige Dreiecke zerlegen lässt.

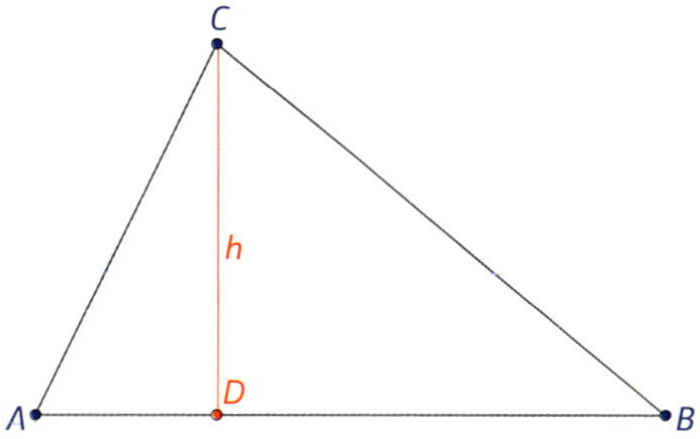

Die Abbildung verdeutlicht, dass das Dreieck ABC in die beiden rechtwinkligen Dreiecke ADC und DBC zerlegt werden kann. Entsprechend kann jedes Prisma mit dreieckiger Grundfläche in zwei Prismen mit rechwinkligen Dreiecken als Grundfläche eingeteilt werden:

$V_{ABC} = V_{ADC} + V_{DBC}$.

Schließlich werden Prismen über beliebigen Vielecken betrachtet, wobei analog vorgegangen wird. In Abschnitt 5.2 wurden bei der Flächenberechnung beliebige Vielecke in andere Formen zerteilt. Zerlegt man ein beliebiges Vieleck in Dreiecke, so kann die Formel zur Volumenberechnung von Prismen über Dreiecken auf Prismen über beliebigen Vielecken übertragen werden.

Zur Veranschaulichung dient das Prisma mit fünfeckiger Grundfläche in der Abbildung. Das Fünfeck *ABCDE* kann auf verschiedene Arten in drei Dreiecke zerteilt werden, etwa in die Dreiecke *ABE*, *BDE* und *BCD*. Die Flächeninhalte dieser Dreiecke ergeben die Grundfläche des Fünfecks. Da die Formel zur Volumenberechnung von Prismen für dreieckige Grundflächen gilt, lässt sich schreiben:

$$V_{ABCDE} = V_{ABE} + V_{BDE} + V_{BCD}$$
$$= G_{ABE} \cdot h + G_{BDE} \cdot h + G_{BCD} \cdot h$$
$$= (G_{ABE} + G_{BDE} + G_{BCD}) \cdot h = G_{ABCDE} \cdot h$$

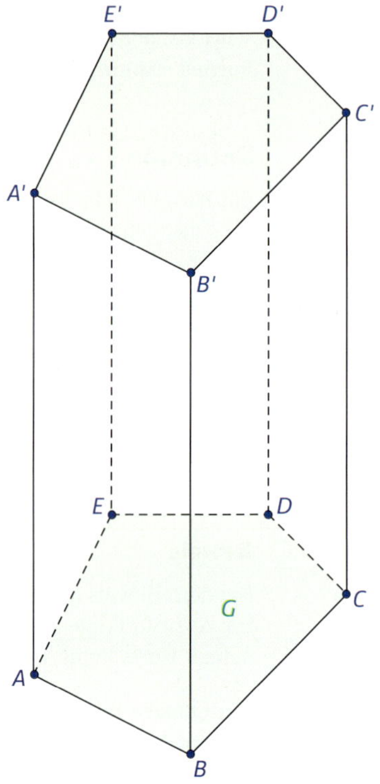

Die Oberfläche eines senkrechten Prismas lässt sich als Summe der doppelten Grundfläche und der Mantelfläche berechnen, die aus Rechtecken besteht.

AUFGABEN

1. Berechnen Sie die fehlenden Daten der senkrechten Prismen mit dreieckiger Grundfläche.

	Grundseite des Dreiecks	Höhe des Dreiecks	Höhe des Prismas	Volumen des Prismas
a)	2 cm	4 cm	6 cm	
b)	2 m	3,5 m		28 m³
c)	2,5 dm	15 cm	4 dm	
d)	18 mm		2 cm	2,16 cm³
e)	340 mm	120 mm	22 cm	
f)		0,4 m	6 dm	38 400 cm³

2. Bei einem senkrechten quadratischen Prisma ist die Höhe h doppelt so groß wie die Grundkante a. Die Oberfläche beträgt $O = 490\,cm^2$. Berechnen Sie die Kante a, die Höhe h und das Volumen V.

3. Ein senkrechtes Prisma hat als Grundfläche ein rechtwinklig-gleichschenkliges Dreieck mit der Kathete $a = 8\,cm$. Die Höhe h beträgt 15 cm. Berechnen Sie die Oberfläche und das Volumen des Prismas.

4. Die Grundfläche einer Dreieckssäule ist ein gleichseitiges Dreieck mit der Seite $a = 6\,cm$. Der Mantel M der Säule hat die Fläche $180\,cm^2$. Berechnen Sie die Höhe h der Säule.

5. Ein symmetrischer Eisenbahndamm der Länge $l = 300\,m$ misst an seiner Sohle $s = 21\,m$, seine Höhe beträgt $h = 6\,m$, die Krone ist $k = 5\,m$ breit.

a) Berechnen Sie die Querschnittsfläche G.
b) Berechnen Sie die Länge der Böschungslinie b.
c) Welche Erdmenge (in m^3) musste beim Bau aufgeschüttet werden?

6. Die beiden Fahrbahnen einer Autobahn sind je 7,50 m breit, die Standspur auf jeder Seite 2 m, der Mittelstreifen 3 m. Die Autobahn verläuft auf einem Damm von 3 m Höhe, die Böschungskante ist rechts und links 5 m.

a) Zeichnen Sie ein Schrägbild für 10 m Dammlänge im Maßstab 1 : 200, $\alpha = 60°$ und $k = \frac{1}{2}$.
b) Berechnen Sie die Kante der Sohle des Autobahndammes.
c) Wie viel m^3 Erde müssen für 100 m Autobahnlänge aufgeschüttet werden?

5.3.4 Zylinder

Lernsituation: Konservendosen

In einer Blechwarenfabrik werden Konservendosen hergestellt, die im Durchmesser 10 cm messen und eine Höhe von 12 cm haben.

Bestimmen Sie den Rauminhalt sowie den Materialbedarf einer Dose.

Lösung:

Bestimmung des Materialbedarfs

Die Oberfläche einer Dose setzt sich aus zwei Kreisen, die Boden und Deckel der Dose bilden, sowie der Mantelfläche zusammen. Schneidet man die Mantelfläche senkrecht auf, so erkennt man, dass es sich um ein Rechteck handelt, dessen Seitenlängen die Höhe der Dose sowie der Umfang des Grundkreises sind.

Mantel: $M = \text{Höhe} \cdot \text{Umfang} = h \cdot \pi \cdot d = 12\,cm \cdot \pi \cdot 10\,cm = 120\pi\,cm^2 = 376{,}99\,cm^2$

Grundkreis: $A = \pi \cdot r^2 = \pi \cdot \left(\frac{d}{2}\right)^2 = \pi \cdot \left(\frac{10\,cm}{2}\right)^2 = 25\pi\,cm^2 = 78{,}54\,cm^2$

Der Flächeninhalt der Dosenoberfläche beträgt damit:

$O = M + 2A = 376{,}99\,\text{cm}^2 + 2 \cdot 78{,}54\,\text{cm}^2 = 534{,}07\,\text{cm}^2$

Da das Blech oben und unten übersteht und die Ränder gefalzt sind, ist der tatsächliche Materialbedarf etwas höher.

Bestimmung des Rauminhalts

Mit der Formel $V = G \cdot h$ und der gerade berechneten Fläche des Grundkreises und der gegebenen Höhe der Dose erhält man:

$V = 25\pi\,\text{cm}^2 \cdot 12\,\text{cm} = 300\pi\,\text{cm}^3 = 942{,}48\,\text{cm}^3$

Die Dose fasst also $942{,}48\,\text{cm}^3 = 942{,}48\,\text{m}\ell$.

In der Lernsituation wurden Volumen und Oberfläche eines senkrechten Kreiszylinders berechnet. Man definiert einen Kreiszylinder als **Rotationskörper**.

Definition

Rotiert ein Rechteck um eine Mittelparallele, so entsteht ein senkrechter **Kreiszylinder**. Die von den zur Drehachse parallelen Seiten überstrichene Fläche heißt Mantel des Zylinders. Die anderen Seiten überstreichen seine Grund- und Deckfläche.

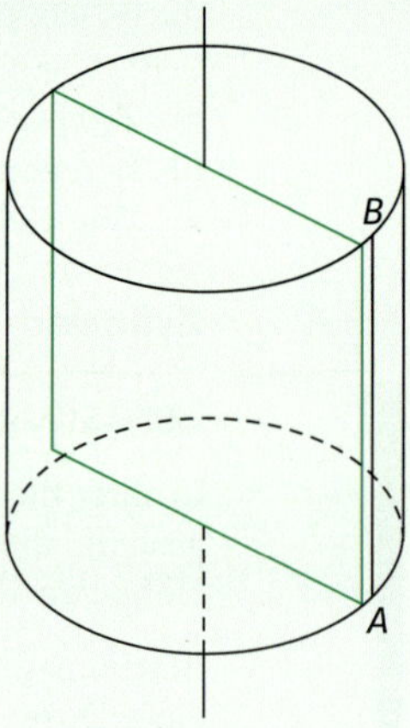

Grund- und Deckfläche des Kreiszylinders sind Kreise. Um den Rauminhalt des Zylinders zu berechnen, geht man genauso vor wie bei Kreisumfang und Kreisfläche in Abschnitt 5.1. Dort wurden zur Berechnung eines Kreisumfangs in diesen Kreis bzw. um den Kreis regelmäßige Vielecke (z.B. Sechsecke, Zwölfecke usw.) gezeichnet. Mit steigender Zahl der Ecken nähert sich der Umfang der Vielecke dem Kreisumfang. Nun werden dem Kreiszylinder senkrechte Prismen ein- und umbeschrieben, deren Grundflächen regelmäßige Vielecke sind. Mit wachsender Anzahl von Ecken wird die Annäherung immer genauer und man erhält als Grundfläche die Fläche des Kreises A_0 und als Rauminhalt $V = A_0 \cdot h = \pi r^2 \cdot h$. Auch hier gilt wieder „Volumen (eines Zylinders) ist gleich Grundfläche mal Höhe".

Satz

Der Rauminhalt eines senkrechten **Kreiszylinders** mit Grundkreisradius r und Höhe h ist $V = A_o \cdot h = \pi r^2 \cdot h$.

Um die Mantelfläche eines Kreiszylinders zu berechnen „zerschneidet“ man den Mantel des Zylinders entlang der senkrechten Linie AB (siehe Abbildung oben) und wickelt ihn ab. Der Kreisumfang ist eine Seite des Rechtecks, die andere Seite hat die Länge h. Somit ergibt sich als Mantelfläche $M = \pi r \cdot h$. Nimmt man Grund- und Deckkreis hinzu, erhält man die Oberfläche des Zylinders.

Merke

Bei einem senkrechten Kreiszylinder beträgt

der Flächeninhalt des Mantels $M = 2\pi r h$,

der Inhalt der Oberfläche $O = 2\pi r^2 + 2\pi r h = 2\pi r(r + h)$.

AUFGABEN

1. Eine Plakatsäule ist 3 m hoch und hat einen Durchmesser von 1,4 m. Welche Fläche kann beklebt werden?

2. Eine zylindrische Regentonne hat die lichte Weite (innerer Durchmesser) $d = 70$ cm und die Höhe $h = 0{,}90$ m. Wie viel Liter fasst sie?

3. Welches Volumen hat ein 7 m langer Baumstamm mit dem mittleren Durchmesser $d = 50$ cm?

4. Welches Volumen hat ein Kupferdraht, der 10 m lang ist und einen Durchmesser von 2 mm hat?

5. Welches Volumen hat ein zylindrisches Glasgefäß mit der Höhe h, der lichten Weite d und der Wandstärke s?

a) $h = 30$ cm, $d = 20$ cm, $s = 3$ mm b) $h = 15$ cm, $d = 10$ cm, $s = 2$ mm

6. Berechnen Sie mit den gegebenen Größen eines Zylinders die gesuchten Größen.

	gegeben:	gesucht:
a)	$r = 8$ cm, $M = 750\ \text{cm}^2$	h, V
b)	$h = 50$ cm, $M = 90\ \text{dm}^2$	r, O
c)	$r = 6$ cm, $V = 1{,}5\ \ell$	h
d)	$h = 3$ m, $V = 3000\ \ell$	r
e)	$r = 4$ cm, $O = 350\ \text{cm}^2$	h

7. Eine zylindrische Regentonne mit der lichten Weite d = 70 cm ist mit 180 Liter Wasser gefüllt. Wie hoch steht das Wasser in der Tonne?

8. Wie viel Blech benötigt man für einen Kochtopf (ohne Deckel) von 2 Liter Inhalt und 14 cm Durchmesser?

9. 100 m Draht haben ein Volumen von 200 cm^3. Berechnen Sie den Durchmesser des Drahtes.

10. Eine Konservendose hat ein Volumen von 830 cm^3 und einen Durchmesser von 9,8 cm. Berechnen Sie Höhe und Oberfläche der Dose (π = 3,14).

11. Frau Petrow will ein zylindrisches Gefäß mit destilliertem Wasser füllen. Der Zylinder ist 1 m hoch und hat einen Durchmesser von 18 cm. Destilliertes Wasser wird im Baumarkt in 5-Liter-Kanistern angeboten. Stellen Sie fest, ob Frau Petrow mehr als einen Kanister kaufen muss.

5.4 Zusammenfassung

Figuren in der Ebene

■ Quadrat	$A = a^2$	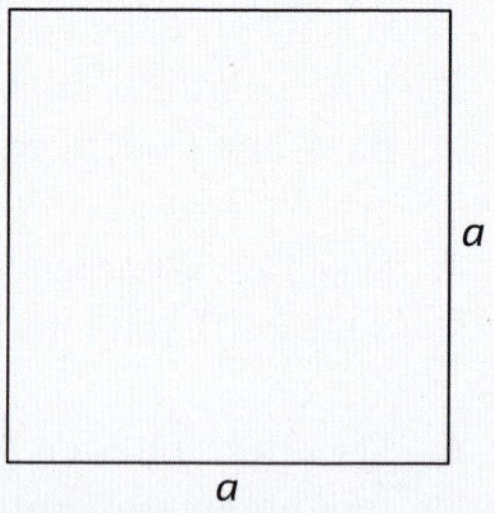
■ Rechteck	$A = a \cdot b$	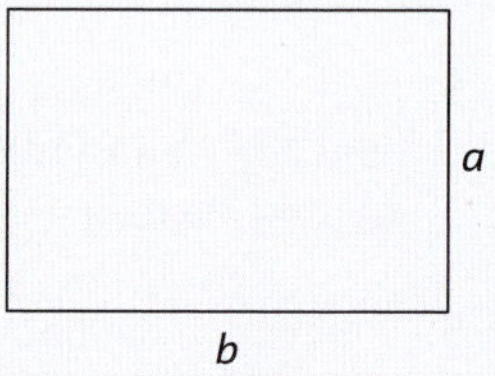
■ Parallelogramm	$A = a \cdot b$	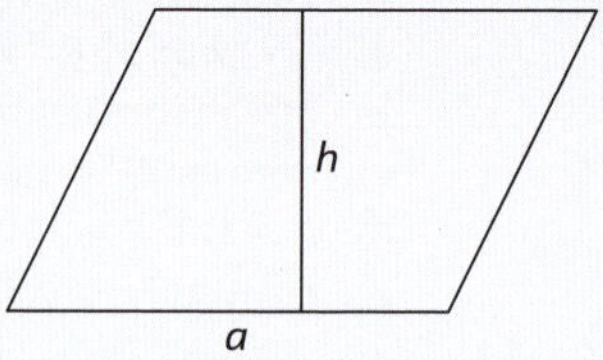

▪ Dreieck	$A = \frac{1}{2} a \cdot h$	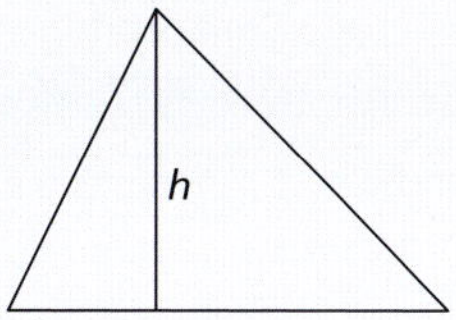
▪ Trapez	$A = \frac{1}{2}(a + c) \cdot h$	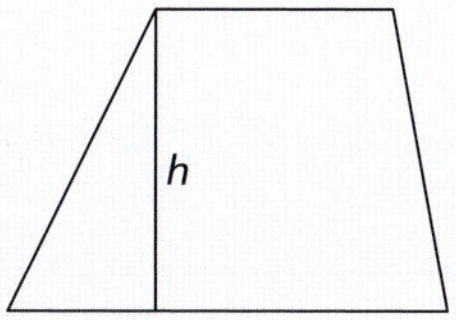
▪ Kreis	$u = 2 \cdot \pi \cdot r$ $A = \pi \cdot r^2$	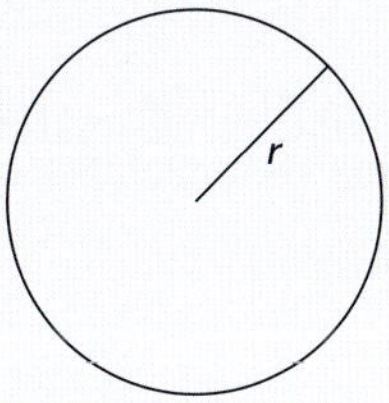

Flächeninhalte von **beliebigen Vielecken** können durch Zerlegen der Fläche in Dreiecke oder besondere Vierecke ermittelt werden.

Volumen und Oberflächen von Körpern

▪ Quader ▪ Würfel (d. h. ein Quader mit $a = b = c$)	$V = a \cdot b \cdot c$ $V = a^3$	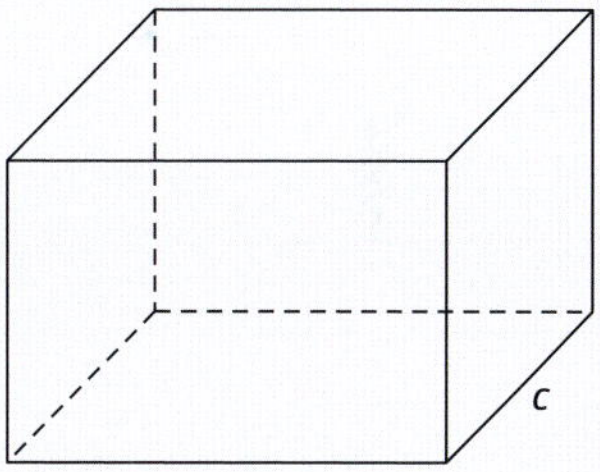
▪ Senkrechte Prismen Ein Prisma ist ein Körper, dessen Grundfläche ein Vieleck ist und dessen Seitenflächen Rechtecke sind.	$V = G \cdot h$	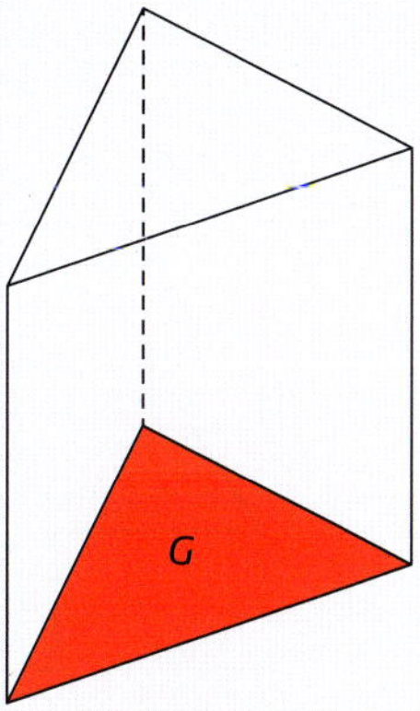

■ Senkrechter Kreiszylinder	$V = \pi \cdot r^2 \cdot h$ $M = 2\pi \cdot r \cdot h$ $O = 2\pi \cdot r \cdot h + 2\pi \cdot r^2$	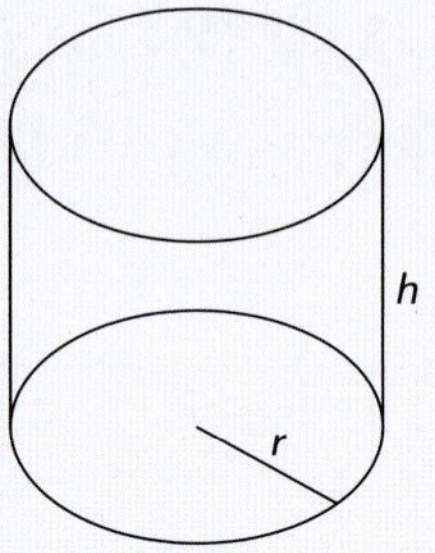

5.5 Vermischte Aufgaben

1. Ein Kunsthandwerker gießt aus Messing die in den Abbildungen dargestellten Formen als Weihnachtsschmuck. Bestimmen Sie für jede Form den Flächeninhalt.

a)

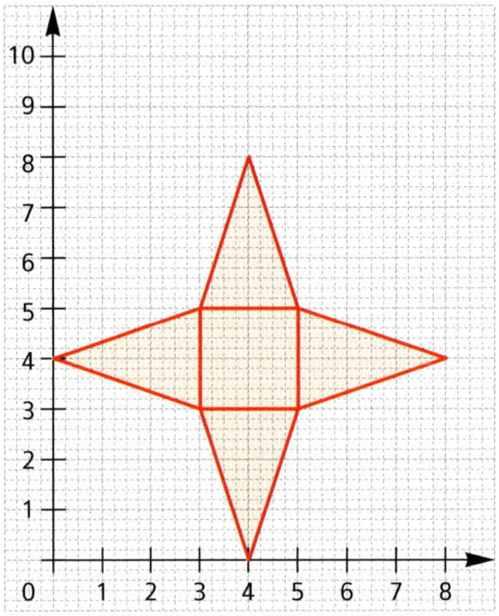

b)

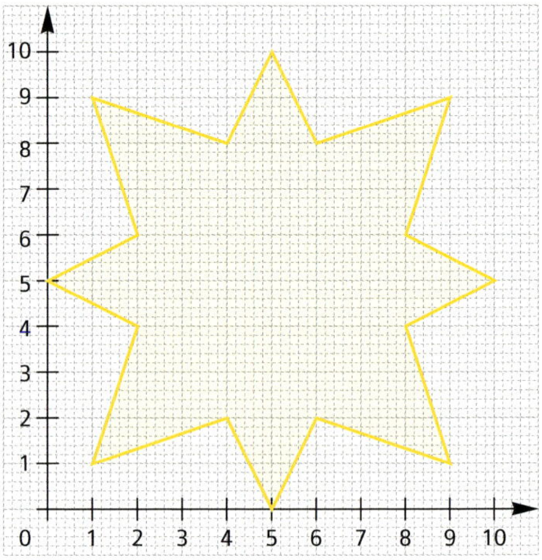

c)

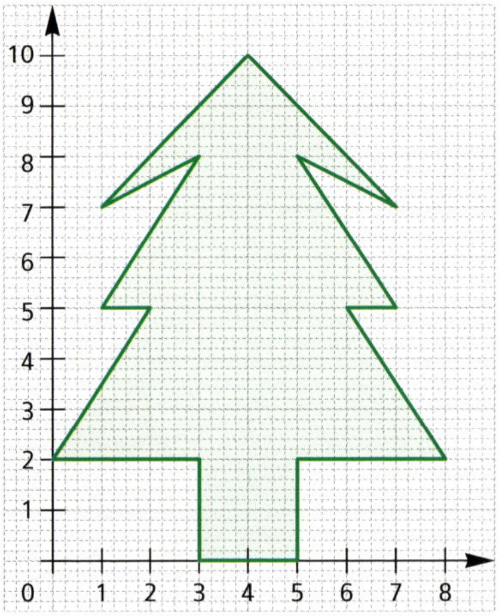

2. Aus einem Blech der Größe 9 dm mal 10 dm soll das in der Abbildung gezeigte Werkstück gesägt werden. Bestimmen Sie den prozentualen Anteil des Verschnitts.

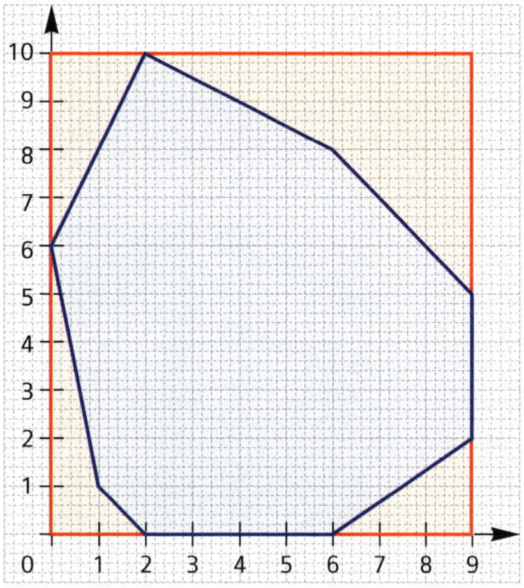

3. Eine Cremedose hat einem Durchmessern von 9 cm und eine Höhe von 3,6 cm. Der Hersteller erwägt, andere Dosengrößen auf den Markt zu bringen.

a) Ermitteln Sie, wie sich das Volumen verändert, wenn Durchmesser und Höhe halbiert werden.

b) Bestimmen Sie, wie groß der Durchmesser sein muss, wenn bei gleicher Höhe das Volumen um 25 % geringer sein soll.

c) Bestimmen Sie, wie die Höhe zu verändern ist, wenn bei gleichem Durchmesser das Volumen um 25 % geringer sein soll.

4. Für einen Überseetransport sollen Kartons in Container verladen werden. Ein Transportcontainer hat die folgenden Innenmaße.

Breite	Länge	Höhe
2,40 m	12 m	2,50 m

Die Kartons haben einheitliche Größen.

Breite	Länge	Höhe
50 cm	70 cm	55 cm

Aufgrund des empfindlichen Inhalts sollen die Kartons aufrecht transportiert werden, sie dürfen nicht auf die Seite gelegt werden.

a) Bestimmen Sie das Volumen eines Containers und das Volumen eines Kartons.

b) Beschreiben Sie, welche Bedeutung der Quotient $\frac{V_{Container}}{V_{Karton}}$ hat.

c) Ermitteln Sie, wie viele Kartons maximal in einem Container passen.

6 Geometrische Problemstellungen

Bei vielen geometrischen Anwendungen muss von bekannten Größen auf unbekannte Größen geschlossen werden. Hierzu werden geometrische Zusammenhänge und Verhältnisgleichungen angewendet. In diesem Kapitel werden zwei Verfahren vorgestellt, die solche Zusammenhänge nutzen: der Satz des Pythagoras und die Strahlensätze.

Nach dem Bearbeiten dieses Kapitels sind Sie in der Lage,

- den Satz des Pythagoras zu erklären und anzuwenden,
- die Strahlensätze anzuwenden,
- gleiche Verhältnisse in geometrischen Figuren zu erkennen und auszunutzen,
- realitätsbezogene Problemstellungen zeichnerisch darzustellen und zu lösen,
- reale Aufgabenstellungen in Gleichungen darzustellen und algebraisch zu lösen.

6.1 Satz des Pythagoras

Der Satz des Pythagoras ist nach Pythagoras von Samos benannt, der von ca. 570 v. Chr. bis etwa 510 v. Chr. lebte. Er zählt zu den Pionieren der antiken griechischen Philosophie und begründete die einflussreiche politisch-religiöse Schule der Pythagoreer, um die sich viele Legenden ranken.
Die Aussage des Satzes von Pythagoras war bereits vor seinen Lebzeiten in anderen Kulturen bekannt, Pythagoras jedoch wird der Beweis zugeschrieben.

Lernsituation: Pultdach

Familie Bauer hat neu gebaut: Ihr neues Wohnhaus hat ein Pultdach ohne Dachüberstand. Ein Pultdach ist ein Dach, das nur aus einer schräg abfallenden Dachfläche besteht. Das Gebäude hat eine Grundfläche von 9,50 m × 13 m und ist an der höchsten Stelle 7,20 m hoch und an der niedrigsten Stelle 5,80 m.

Berechnen Sie die Größe der Dachfläche.

Lösung

Die Dachfläche hat die Form eines Rechtecks, dessen Breite der Breite des Hauses (13 m) entspricht. Die Länge ist jedoch aufgrund der Neigung der Dachfläche größer als die Hausbreite, d. h. die sogenannte Dachkante ist größer als 9,50 m. In der Abbildung ist die Seitenfläche des Hauses mit den gegebenen Größenangaben dargestellt.

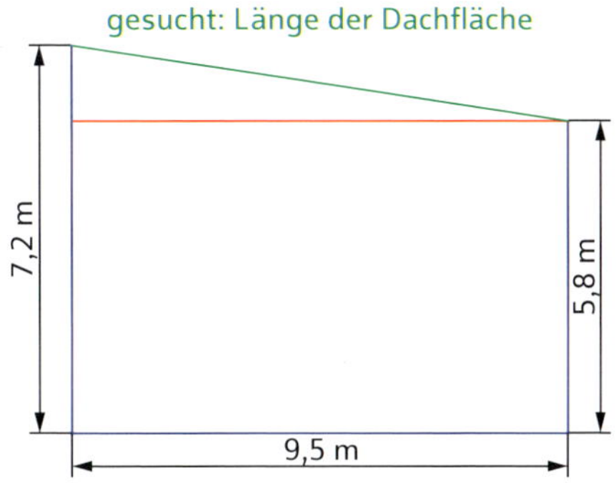

Wird eine exakte Zeichnung angelegt – zum Beispiel im Maßstab 1:100 (d. h. 1 cm der Zeichnung entspricht 100 cm in der Realität), so lässt sich durch Messen ein ungefährer Wert für die Länge der Dachfläche ermitteln.

Im Folgenden wird die Länge der Dachfläche rechnerisch bestimmt: Dafür wird das rechtwinklige Dreieck betrachtet, das sich aus dem oberen Teil der Seitenfläche ergibt.

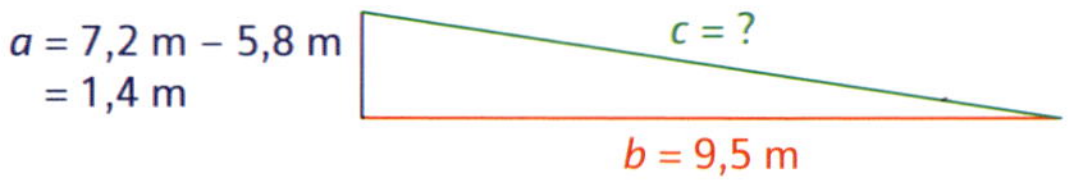

Die Länge der roten Seite entspricht der Breite des Hauses, die Länge der blauen Seite ist die Differenz zwischen den Haushöhen. Die Länge der Dachkante kann über den Zusammenhang $c^2 = a^2 + b^2$ ermittelt werden, wobei die Bezeichnungen aus der Zeichnung gelten.

Mit eingesetzten Werten ergibt sich:

$c^2 = (1{,}4\,\text{m})^2 + (9{,}5\,\text{m})^2$

$c^2 = 1{,}96\,\text{m}^2 + 90{,}25\,\text{m}^2$

$c^2 = 92{,}91\,\text{m}^2 \quad |\sqrt{}$

$c = 9{,}6026\,\text{m}$

Das rechteckige Dach des Hauses von Familie Bauer ist also 13 m lang und ca. 9,60 m breit.

Die Dachfläche hat damit den Flächeninhalt $A = 13\,\text{m} \cdot 9{,}6\,\text{m} = 124{,}8\,\text{m}^2$.

In der Lernsituation wurde die bekannte Aussage $a^2 + b^2 = c^2$ verwendet. Diese Aussage wird als Satz des Pythagoras bezeichnet.

Satz des Pythagoras

Im rechtwinkligen Dreieck ist der Flächeninhalt des Hypotenusenquadrats gleich der Summe der Flächeninhalte der Kathetenquadrate. Sind a und b Katheten und c die Hypotenuse, so gilt:

$a^2 + b^2 = c^2$.

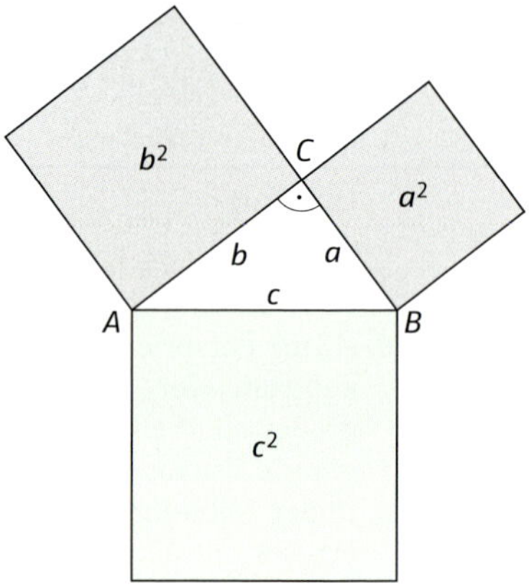

Beweis

In der Abbildung sei A_1 der Flächeninhalt des äußeren

Quadrates mit der Seitenlänge $a + b$, A_2 der des inneren Quadrates und A_3 der Flächeninhalt eines der grauen rechtwinkligen Dreiecke mit der Hypotenuse c und den Katheten a und b.

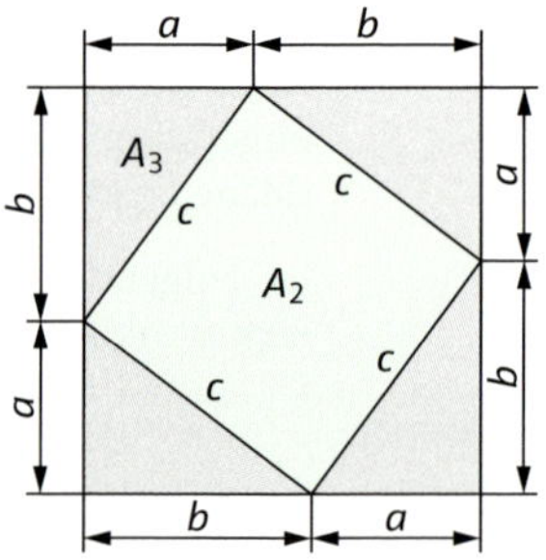

Für die Flächen A_1, A_2 und A_3 werden drei Gleichungen aufgestellt:

A_1 des äußeren Quadrates:	$A_1 = (a + b)^2$	(1)
A_2 des inneren Quadrates:	$A_2 = c^2$	(2)
A_3 eines Dreiecks:	$A_3 = \frac{1}{4}(A_1 - A_2)$	(3)
(1) und (2) in (3) einsetzen:	$A_3 = \frac{1}{4}[(a + b)^2 - c^2]$	(4)
A_3 eines Dreiecks ist auch	$A_3 = \frac{1}{2}a \cdot b$	(5)
(5) und (4) gleichsetzen:	$\frac{1}{2}a \cdot b = \frac{1}{4}[(a + b)^2 - c^2] \quad \vert \cdot 4$	
Mit 4 multiplizieren:	$2ab = (a + b)^2 - c^2$	
Klammer ausrechnen:	$2ab = a^2 + 2ab + b^2 - c^2 \quad \vert -2ab + c^2$	
$2ab$ subtrahieren und c^2 addieren:	$c^2 = a^2 + b^2$	

AUFGABEN

1. Berechnen Sie im Quadrat
a) mit der Seite $a = 4\,\text{cm}$ die Diagonale d;
b) mit der Diagonale $d = 6\,\text{cm}$ die Seite a;
c) mit der Seite a die Diagonale d;
d) mit der Diagonalen d die Seite a.

2. Berechnen Sie im Rechteck
a) mit der Seite $a = 5\,\text{cm}$ und der Diagonalen $d = 10\,\text{cm}$ die Seite b;
b) mit der Seite $b = 4\,\text{cm}$ und der Diagonalen $d = 8\,\text{cm}$ die Seite a;
c) mit den Seiten $a = 2{,}4\,\text{m}$ und $b = 1{,}8\,\text{m}$ die Diagonale d.

3. Berechnen Sie im gleichschenkligen Dreieck
a) mit den Seiten $c = 8\,\text{cm}$ und $a = b = 5\,\text{cm}$ die Höhe h_c;
b) mit der Seite $a = b = 13\,\text{cm}$ und der Höhe $h_c = 12\,\text{cm}$ die Seite c;
c) mit der Seite $c = 3\,\text{cm}$ und der Höhe $h_c = 2\,\text{cm}$ die Seite $a = b$.

4. Berechnen Sie im gleichseitigen Dreieck
a) mit der Seite $a = 10\,\text{cm}$ die Höhe h und den Flächeninhalt A;
b) mit der Höhe $h = 9\,\text{cm}$ die Seite a und den Flächeninhalt A;
c) mit der Seite a die Höhe h und den Flächeninhalt A;
d) mit der Höhe h die Seite a und den Flächeninhalt A.

5. Berechnen Sie den Flächeninhalt
a) eines gleichschenkligen Dreiecks mit der Grundseite $c = 6\,\text{cm}$ und dem Schenkel $s = 5\,\text{cm}$;
b) eines Quadrates mit der Diagonalen $d = 7\,\text{cm}$;
c) einer Raute mit der Seite $a = 6\,\text{cm}$ und der Diagonalen $f = 9{,}6\,\text{cm}$.

6. Eine 9 m hohe Fahnenstange ist durch einen Sturm umgeknickt worden. Die Spitze der Fahnenstange berührt genau 3 Meter von ihrem Fuß entfernt den Boden. In welcher Höhe wurde die Fahnenstange abgeknickt?

7. Ein Seiltänzer hat sein Drahtseil zwischen zwei Pfosten gespannt, die 20 m voneinander entfernt stehen. Der eine Pfosten ist 5 m höher als der andere. Bestimmen Sie die Strecke, die der Seiltänzer bergauf zurücklegt.

8. Bauer Huber will eine Weidefläche umzäunen. Die Weide hat die Form eines gleichschenkligen Trapezes mit den Parallelseiten $a = 175\,\text{m}$ und $c = 125\,\text{m}$. Die Höhe beträgt $h = 100\,\text{m}$. 1 m der Umzäunung kostet 6,00 €. Berechnen Sie die Materialkosten für die gesamte Umzäunung.
Hinweis: Bei einem gleichschenkligen Trapez sind die nicht parallelen Seiten (die Schenkel) gleich lang.

9. In einem Keller sollen Schaltschränke aufgestellt werden. Die Schränke sind einteilig und nicht zerlegbar und haben die Maße 80 cm (Breite) × 100 cm (Tiefe) × 220 cm (Höhe). Der Kellerraum, in dem die Schränke aufgestellt werden sollen, ist 2,45 m hoch. Da die Tür jedoch nur eine Höhe von 2 m hat, können die Schränke nicht aufrecht in den Raum gebracht werden, sondern müssen auf eine Seite gekippt werden.

a) Ermitteln Sie, ob der Raum hoch genug ist, um die Schränke aufzurichten.
b) Berechnen Sie, wie hoch die Schränke maximal sein dürfen, um sie in dem Raum aufzurichten.

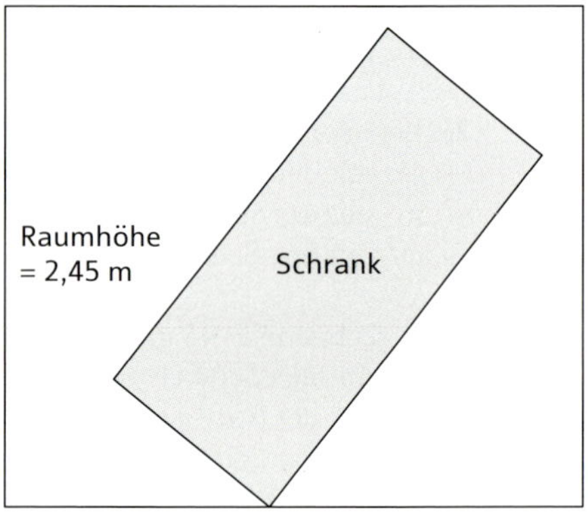

10. Kombinationen natürlicher Zahlen, die die Gleichung $a^2 + b^2 = c^2$ erfüllen, heißen pythagoreische Zahlentripel. Ein solches Tripel ist (3, 4, 5), denn $3^2 + 4^2 = 5^2$, wie sich leicht überprüfen lässt.

a) Finden Sie weitere pythagoreische Tripel.
b) Wie viele pythagoreische Tripel gibt es? Geben Sie eine begründete Schätzung ab.

11. Pythagoras war ein einflussreicher und mysteriöser Mensch. Recherchieren Sie über sein Leben, seine Errungenschaften und über seine Anhänger, die Pythagoreer.

6.2 Strahlensätze

Bei den Strahlensätzen nutzt man gleiche Verhältnisse, um von gegebenen Größen auf gesuchte Größen zu schließen. Somit sind die Strahlensätze ein geometrisches Äquivalent zum proportionalen Dreisatz.

Zunächst werden Bezeichnungen für die Begriffe „Strecke" und „Länge einer Strecke" festgelegt.

Definition

Eine **Strecke** zwischen zwei Punkten A und B wird mit $\overline{AB}$ bezeichnet. Als Symbol für die Länge einer Strecke werden Betragsstriche verwendet: Die **Länge** der Strecke $\overline{AB}$ wird mit $|\overline{AB}|$ bezeichnet.

Lernsituation: Kellerfenster

Hanna behauptet, dass sie vom vergitterten Keller aus den Abstand zum gegenüberliegenden Haus nur mithilfe eines Zollstocks ermitteln kann, ohne den Kellerraum zu verlassen.

a) Beschreiben Sie, wie ihr das gelingen kann.

b) Beschreiben Sie, wie Hanna den Abstand der beiden Fenster auf der gegenüberliegenden Straßenseite messen kann, ohne den Kellerraum zu verlassen (siehe Abbildung).

Lösungen

a) In der Abbildung ist die Grundidee aus der Vogelperspektive dargestellt: Die gegenüberliegende Hausseite ist gelb, die Mauer des Kellers grau und die Gitterstäbe sind im Querschnitt als schwarze Punkte erkennbar.

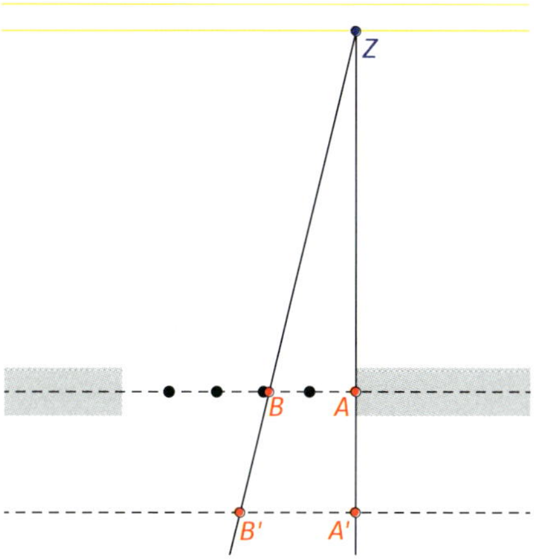

Hanna geht folgendermaßen vor:

1. Hanna zieht im Keller eine parallele Linie zur Kellerwand, entlang der sie sich bewegt. In der Abbildung ist das die Gerade durch die Punkte A' und B'.
2. Sie peilt entlang der Fensterlaibung einen Punkt aus der Hausfassade gegenüber an und merkt sich den Punkt. Dieser Punkt ist in der Abbildung mit Z bezeichnet.

3. Nun bewegt sich Hanna parallel zur Kellerwand (d.h. sie behält ihren Abstand zur Kellerwand bei), bis sie genau entlang eines Gitterstabs den Punkt Z auf der gegenüberliegenden Hauswand erblickt.
4. Dann misst Hanna im Keller die drei Strecken zwischen den in der Zeichnung mit A und A', A und B sowie A' und B' bezeichneten Punkten aus.

   Angenommen, Hanna hat die Parallele zur Kellerwand so gezogen, dass die Strecke $|\overline{AA'}| = 200\,\text{cm}$ lang ist und sie misst für die anderen Strecken die Längen $|\overline{AB}| = 20\,\text{cm}$ und $|\overline{A'B'}| = 24\,\text{cm}$.

   Das Verhältnis von $|\overline{ZA'}|$ zu $|\overline{ZA}|$ ist genauso groß wie das Verhältnis von $|\overline{A'B'}|$ zu $|\overline{AB}|$. Hanna kennt weder die Länge der Strecke $\overline{ZA}$, die sie ja ermitteln möchte, noch die der Strecke $\overline{ZA'}$. Sie weiß aber, dass letztere um 200 cm länger ist als $\overline{ZA}$. Daher setzt sie $|\overline{ZA}| = x$ und erhält $|\overline{ZA'}| = x + 200$.
5. Nun ist eine Verhältnisgleichung zu lösen:

$$\frac{|\overline{ZA'}|}{|\overline{ZA}|} = \frac{|\overline{A'B'}|}{|\overline{AB}|}$$

$$\frac{200 + x}{x} = \frac{24}{20} \qquad | \cdot x$$

$$200 + x = 1{,}2x \qquad | -x$$

$$200 = 0{,}2x \qquad | : 0{,}2$$

$$1\,000 = x$$

   Der Abstand der Gitterstäbe zur gegenüberliegenden Hauswand beträgt etwa 10 Meter.

b) Wenn man den Abstand zum gegenüberliegenden Haus kennt, lässt sich der Fensterabstand auf der gegenüberliegenden Straßenseite ebenfalls durch eine Verhältnisgleichung bestimmen. Hierbei liegt das Zentrum der Peilung (der Punkt Z) innerhalb des Kellers. In der Abbildung ist das Vorgehen schematisch dargestellt.

Hanna peilt die Fensterlaibung entlang einer Fensterseite A' des gegenüberliegenden Hauses an und geht dann so weit zurück, bis sie den Rand B' des anderen Fensters entlang eines Gitterstabs anpeilen kann. Hannas Standpunkt ist in der Abbildung mit Z bezeichnet. Nun misst Hanna die Längen der Strecken $\overline{ZA}$ und $\overline{AB}$. Den Abstand zum anderen Haus $|\overline{AA'}| = 1\,000\,\text{cm}$ kennt sie aus Teilaufgabe a).

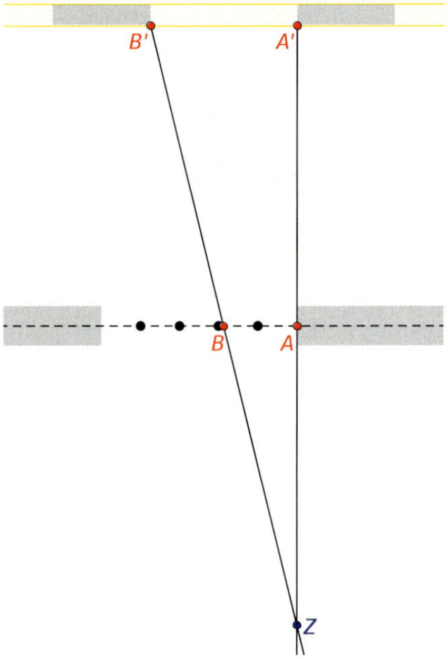

Angenommen, Hanna misst $|\overline{AB}| = 20\,\text{cm}$ und $|\overline{ZA}| = 140\,\text{cm}$. Dann ist $|\overline{ZA'}| = 1\,140\,\text{cm}$.

Das Verhältnis von $|\overline{A'B'}|$ zu $|\overline{AB}|$ ist genauso groß wie das von $|\overline{ZA'}|$ zu $|\overline{ZA}|$:

$$\frac{|\overline{A'B'}|}{|\overline{AB}|} = \frac{|\overline{ZA'}|}{|\overline{ZA}|}$$

$$\frac{|\overline{A'B'}|}{20} = \frac{1\,140}{140} \qquad |\cdot 20$$

$$|\overline{A'B'}| = \frac{1\,140 \cdot 20}{140} \approx 162{,}86\,\text{cm}$$

Der Abstand zwischen den beiden Fenstern des Hauses auf der gegenüberliegenden Straßenseite beträgt etwa 1,63 m.

Der erste Strahlensatz macht Aussagen über die Verhältnisse von Strecken, die auf Halbgeraden oder Geraden liegen. Dazu werden durch ein Zentrum Z zwei Halbgeraden oder Geraden gezeichnet. Geschnitten von zwei Parallelen werden die beiden Halb- bzw. Geraden in mehrere Strecken aufgeteilt (siehe Abbildung).

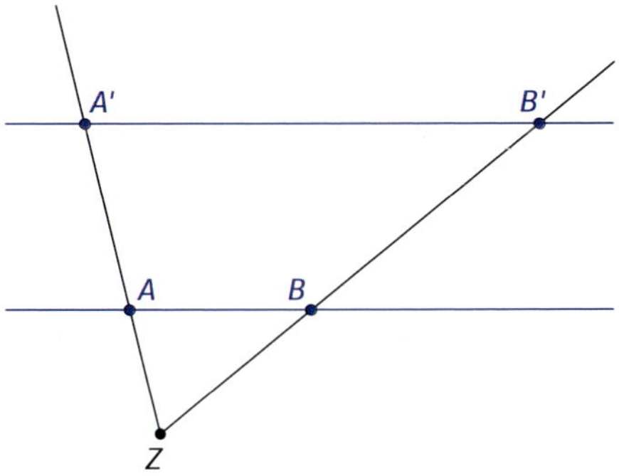

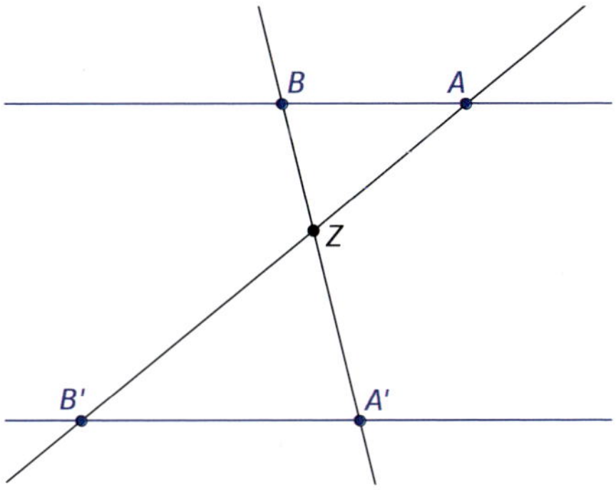

Erster Strahlensatz

Werden zwei von einem Punkt Z ausgehende Strahlen oder zwei durch Z laufende Geraden von zwei Parallelen geschnitten, von denen keine durch Z geht, so verhalten sich die Längen der Abschnitte auf einem Strahl wie die entsprechenden Längen der Abschnitte auf dem anderen Strahl und die Längen der Abschnitte auf einer Geraden wie die auf der anderen Geraden.

Aus den beiden Abbildungen oben folgen nach dem ersten Strahlensatz die folgenden **Verhältnisgleichungen**:

$$\frac{|\overline{AA'}|}{|\overline{ZA}|} = \frac{|\text{BB}'|}{|\text{ZB}|} \qquad \frac{|\overline{AA'}|}{|\overline{ZA'}|} = \frac{|\overline{AA'}|}{|\overline{ZB'}|} \qquad \frac{|\overline{ZA}|}{|\overline{ZA'}|} = \frac{|\overline{ZB}|}{|\overline{ZB'}|}$$

In der Lernsituation „Kellerfenster“ wurde der zweite Strahlensatz mehrfach angewendet. Dabei wurden die Längen der Parallelen mit in die Verhältnisgleichung einbezogen. Die beiden Abbildungen oben und der folgende Satz verdeutlichen den geschilderten Sachverhalt.

Zweiter Strahlensatz

Werden zwei von einem Punkt Z ausgehende Strahlen oder zwei durch Z laufende Geraden von zwei Parallelen geschnitten, von denen keine durch Z geht, so verhalten sich die Längen der von Z aus gemessenen Abschnitte auf einem Strahl oder auf einer Geraden wie die Längen der entsprechenden Abschnitte auf den Parallelen.

Aus den beiden Abbildungen oben folgen nach dem zweiten Strahlensatz die folgenden Verhältnisgleichungen:

$$\frac{|\overline{AB}|}{|\overline{A'B'}|} = \frac{|\overline{ZA}|}{|\overline{ZA'}|} = \frac{|\overline{ZB}|}{|\overline{ZB'}|}$$

AUFGABEN

1. Berechnen Sie die gesuchte Streckenlänge, wenn die abgebildeten Streckenlängen bekannt sind.

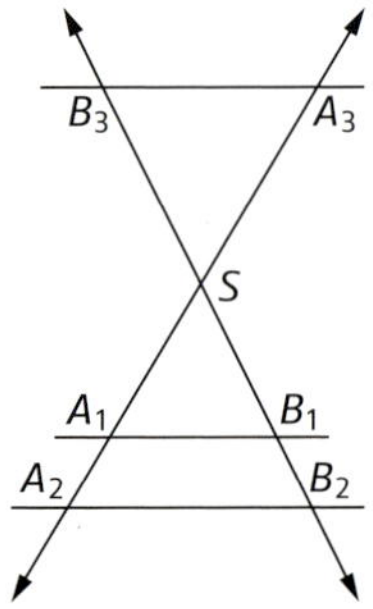

	gesucht:
a) $|\overline{SA_1}| = 1{,}5\,\text{cm}$, $|\overline{A_1A_2}| = 4{,}5\,\text{cm}$, $|\overline{SB_1}| = 1{,}2\,\text{cm}$	$|\overline{B_1B_2}|$
b) $|\overline{SB_1}| = 2\,\text{cm}$, $|\overline{SB_2}| = 3{,}6\,\text{cm}$, $|\overline{SA_1}| = 3\,\text{cm}$	$|\overline{SA_2}|$
c) $|\overline{SA_1}| = 1{,}2\,\text{cm}$, $|\overline{SA_3}| = 2{,}8\,\text{cm}$, $|\overline{SB_3}| = 3{,}5\,\text{cm}$	$|\overline{SB_1}|$
d) $|\overline{SB_1}| = 1{,}6\,\text{cm}$, $|\overline{SB_2}| = 2{,}4\,\text{cm}$, $|\overline{A_2B_2}| = 3\,\text{cm}$	$|\overline{A_1B_1}|$
e) $|\overline{SA_2}| = 7\,\text{cm}$, $|\overline{SA_3}| = 3\,\text{cm}$, $|\overline{A_2B_2}| = 6{,}3\,\text{cm}$	$|\overline{A_3B_3}|$
f) $|\overline{SB_2}| = 5\,\text{cm}$, $|\overline{A_2B_2}| = 3{,}5\,\text{cm}$, $|\overline{A_3B_3}| = 4{,}2\,\text{cm}$	$|\overline{SB_3}|$

2. Um die Länge einer Strecke $\overline{AB}$ zu bestimmen, die durch direkte Messung wegen eines zwischen den Endpunkten liegenden Hindernisses unmöglich ist, misst man die Strecken a, b und c. Berechnen Sie x.

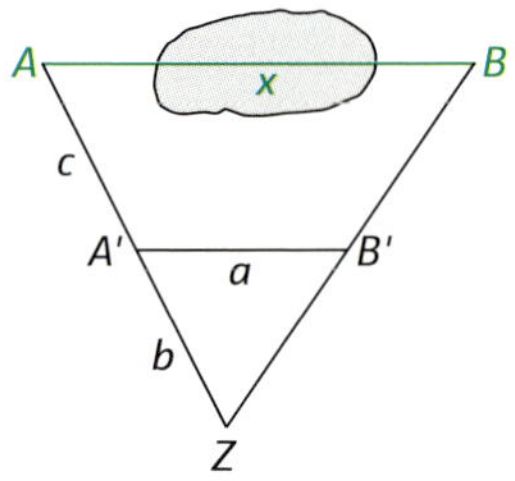

a) allgemein;

b) $a = 10\,\text{m}$, $b = 18\,\text{m}$, $c = 144\,\text{m}$;

c) $a = 12\,\text{m}$, $b = 17\,\text{m}$, $c = 34\,\text{m}$.

3. Um die Breite eines Flusses zu messen, ermittelt man die Strecken a, b und c. Berechnen Sie x.

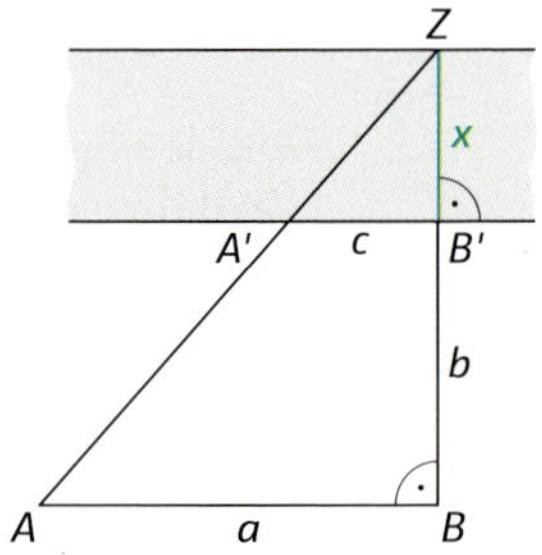

a) allgemein;
b) $a = 40\,\text{m}$, $b = 20\,\text{m}$, $c = 30\,\text{m}$;
c) $a = 9\,\text{m}$, $b = 6\,\text{m}$, $c = 4\,\text{m}$.

4. Der Schatten eines 2 m langen Stabes ist 2,5 m lang. Wie lang ist zu gleicher Zeit der Schatten eines 22 m hohen Turmes?

5. Der Schatten eines Fabrikschornsteines ist 96 m lang. Wie hoch ist der Schornstein, wenn zu gleicher Zeit der Schatten eines 2 m langen Stabes 2,4 m lang ist?

6. Ein Freiballon von 12 m Durchmesser wird von einem 2-€-Stück (2,6 cm Durchmesser) verdeckt, wenn man dieses 35 cm vom Auge entfernt hält. Wie weit ist der Freiballon vom Beobachter entfernt?

7. Ein Beobachter hält eine Kugel (Durchmesser 5 mm) 55 cm vom Auge entfernt. Die Kugel verdeckt gerade den Vollmond (3 470 km Durchmesser). Wie weit ist zur Zeit der Beobachtung der Mond von der Erde entfernt?

8. In der nebenstehenden Abbildung ist ein Fachwerkträger dargestellt. Berechnen Sie die Länge des Balkens *b*.

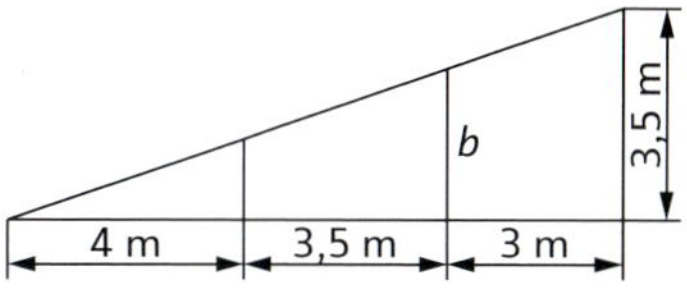

9. Recherchieren Sie die Funktionsweise der folgenden Messinstrumente und erklären Sie, wie hierbei die Strahlensätze angewendet werden.

a) Försterdreieck
b) Jakobsstab
c) Messzange
d) Messkeil
e) Keilausschnitt

10. Wenden Sie das in der Lernsituation „Kellerfenster" beschriebene Verfahren praktisch an.

a) Ermitteln Sie zum Beispiel den Abstand zu einem Baum vor Ihrem Klassenfenster und seinen Durchmesser.
b) Vergleichen Sie Ihre Messungen mit den tatsächlichen Werten.
c) Benennen Sie mögliche Quellen als Gründe für die Abweichungen und machen Sie praktische Verbesserungsvorschläge zur Anwendung dieses Messprinzips.

6.3 Zusammenfassung

Satz des Pythagoras

Im rechtwinkligen Dreieck ist der Flächeninhalt des Hypotenusenquadrats gleich der Summe der Flächeninhalte der Kathetenquadrate: $c^2 = a^2 + b^2$.

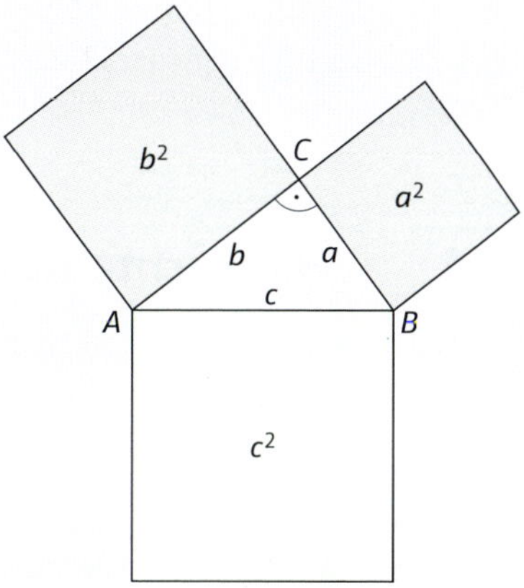

Strahlensätze

Wenn die Geraden *AB* und A'B' parallel sind, dann gelten die folgenden Verhältnisgleichungen:

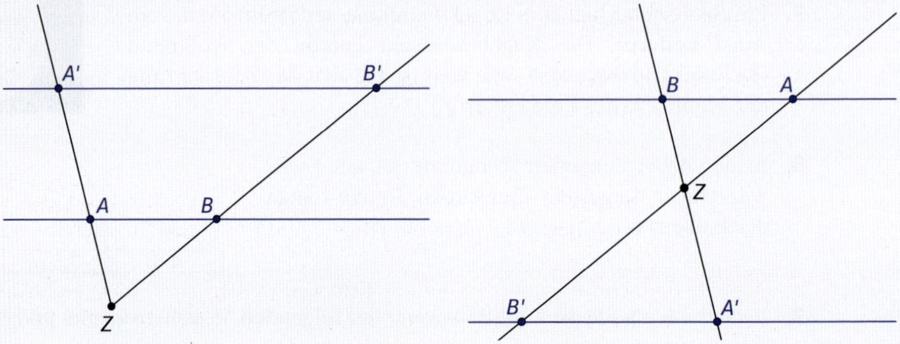

1. Strahlensatz:

$$\frac{|\overline{AA'}|}{|\overline{ZA}|} = \frac{|\overline{BB'}|}{|\overline{ZB}|}$$

$$\frac{|\overline{AA'}|}{|\overline{ZA'}|} = \frac{|\overline{AA'}|}{|\overline{ZB'}|}$$

$$\frac{|\overline{ZA}|}{|\overline{ZA'}|} = \frac{|\overline{ZB}|}{|\overline{ZB'}|}$$

2. Strahlensatz

$$\frac{|\overline{AB}|}{|\overline{A'B'}|} = \frac{|\overline{ZA}|}{|\overline{ZA'}|} = \frac{|\overline{ZB}|}{|\overline{ZB'}|}$$

6.4 Vermischte Aufgaben

Die Aufgaben in diesem Abschnitt erfordern die Anwendung der vorgestellten geometrischen Inhalte. Dabei kommt es darauf an, die zu der gegebenen Problemstellung passenden geometrischen Werkzeuge auszuwählen.

1. Die Oberfläche *O* eines Würfels beträgt $1\,176\,\text{cm}^2$. Berechnen Sie die Kantenlänge *a* und das Volumen *V* des Würfels.

2. Wie ändern sich Volumen V und Oberfläche O eines Würfels, wenn man die Kantenlänge a verdoppelt?

3. Die Kantenlängen zweier Würfel unterscheiden sich um 2 cm, ihre Oberflächen um $144\,\text{cm}^2$. Wie lang sind die Kanten jedes Würfels?

4. Ein Quader mit der Höhe $h = 8\,\text{cm}$ und dem Volumen $V = 672\,\text{cm}^3$ hat eine Grundfläche, deren eine Seite um 5 cm größer ist als die andere. Berechnen Sie die Seiten der Grundfläche.

5. Ein Prisma mit quadratischer Grundfläche hat die Grundkante $a = 3\,\text{cm}$ und die Oberfläche $O = 78\,\text{cm}^2$. Bestimmen Sie die Höhe h und das Volumen V des Prismas.

6. Die Grundfläche eines 10 cm hohen Prismas ist ein rechtwinklig-gleichschenkliges Dreieck mit der Hypotenuse $c = 6\,\text{cm}$. Berechnen Sie das Volumen des Prismas.

7. Ein aufgestelltes Ein-Mann-Zelt hat die Form eines senkrechten, liegenden Prismas, dessen Grundfläche ein gleichschenkliges Dreieck ist. Es liegt auf einer Rechtecksfläche mit den Seiten 1,8 m und 2,5 m.

a) Wie hoch ist das Zelt, wenn der umschlossene Raum $2{,}7\,\text{m}^3$ beträgt?
b) Berechnen Sie die Länge eines Schenkels der Grundfläche.
c) Wie viel Stoff hat man zur Herstellung für das Zelt einschließlich der Bodenfläche gebraucht?

8. Ein senkrechtes Prisma mit dem Volumen $V = 72\,\text{cm}^3$ und der Höhe $h = 3\,\text{cm}$ hat als Grundfläche eine Raute, deren Diagonale $e = 6\,\text{cm}$ lang ist.

a) Berechnen Sie den Flächeninhalt der Raute, ihre Seitenlänge a und die Länge ihrer Diagonalen f.
b) Wie viel cm^2 Karton benötigt man zur Herstellung des Prismas mit der Höhe $h = 3\,\text{cm}$, wenn die Raute eine Seitenlänge von 5 cm und eine Höhe von 4,8 cm Länge hat?

9. Ein Satteldach mit der Länge $l = 10\,\text{m}$ hat die Gestalt eines liegenden Prismas. Die Giebelflächen haben die Form eines gleichschenkligen Dreiecks mit der Höhe $h = 3\,\text{m}$ und den Schenkeln $a = b = 5\,\text{m}$.
Die Giebelflächen und Dachflächen sind mit einem wasserdichten Material verkleidet. Wie viel m^2 dieses Materials wurden für die Verkleidung benötigt?

10. Welchen Radius r hat ein Zylinder mit dem Volumen $V = 63{,}3\,\text{cm}^3$ und der Höhe $h = 7{,}6\,\text{cm}$?

11. Eine Regentonne hat die Form eines senkrechten Kreiszylinders. Hierzu wurde ein Betonrohr mit einem lichten Durchmesser von 1 m verwendet, das aufgestellt und unten verschlossen wurde. Wie hoch (lichte Höhe) ist es, wenn es $1\,\text{m}^3$ Wasser fasst?

12. In einen Kreis mit dem Radius $r = 6\,\text{cm}$ soll ein Quadrat gezeichnet werden, dessen Eckpunkte auf dem Kreisbogen liegen. Berechnen Sie die Länge der Quadratseite.

13. Aus einer quadratischen Korkplatte mit der Seitenlänge 1 m soll ein 30 cm breiter Rettungsring mit möglichst großem Außendurchmesser ausgeschnitten werden. Berechnen Sie den Flächeninhalt des Kreisrings.

14. In eine kreisrunde Fläche ist ein quadratisches Spielfeld einbeschrieben. Die Eckpunkte des Spielfeldes liegen auf der Kreislinie. Der Umfang des Kreises beträgt 282,75 m.

a) Berechnen Sie den Radius r des Kreises.
b) Berechnen Sie die Seitenlänge a des Spielfeldes.

15. Ein Staudamm mit der Höhe $h = 6\,\text{m}$ ist an der Dammkrone $k = 5\,\text{m}$ breit und besitzt die Böschungslänge $b = 7{,}5\,\text{m}$. Die Querschnittsfläche ist ein gleichschenkliges Trapez. Berechnen Sie die Breite s der Dammsohle und die Querschnittsfläche A.

16. Aus einem Pappkarton mit einer Länge von 60 cm und einer Breite von 40 cm soll gemäß nebenstehender Abbildung eine offene Schachtel gebaut werden, indem man an den Ecken Quadrate mit einer Seitenlänge von a cm herausschneidet und die vier Rechtecksflächen R_1, R_2, R_3 und R_4 nach oben klappt.

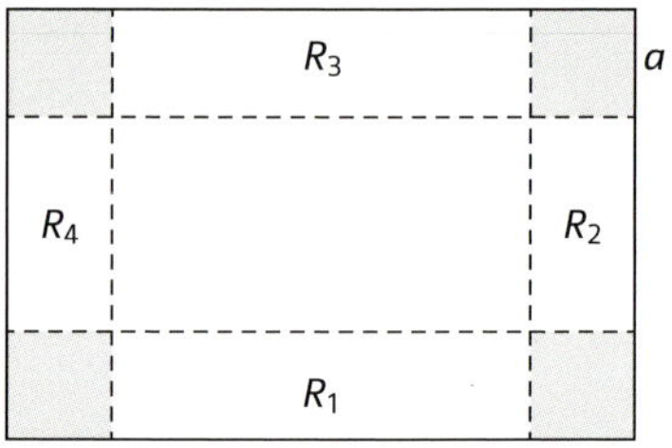

a) Berechnen Sie das Volumen der Schachtel in Abhängigkeit von a für $a = 10\,\text{cm}$.
b) Die Schachtel soll innen mit Folie ausgeklebt werden. Wie viel cm^2 benötigt man für $a = 10\,\text{cm}$?

17. Um die Entfernung x der Orte A und B, die am Rande eines unzugänglichen Geländes liegen, zu bestimmen, misst man die Strecken a, b und c.
Berechnen Sie x (siehe Abb.).
$a = 5\,\text{km}$
$b = 8\,\text{km}$
$c = 12\,\text{km}$

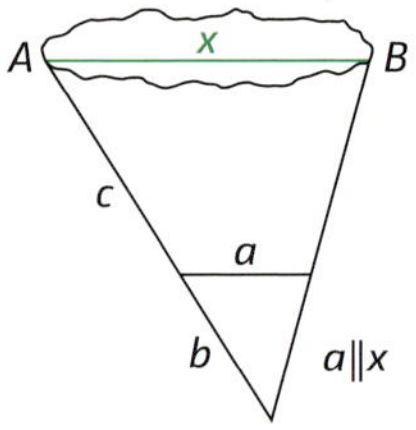

18. Um die Strecke x in einem unwegsamen Gelände zu bestimmen, werden die Strecken a, b und c gemessen (siehe Abb.). Die Strecken a und c sind parallel.
$a = 300\,\text{m}$, $b = 250\,\text{m}$ und $c = 400\,\text{m}$.
Berechnen Sie x.

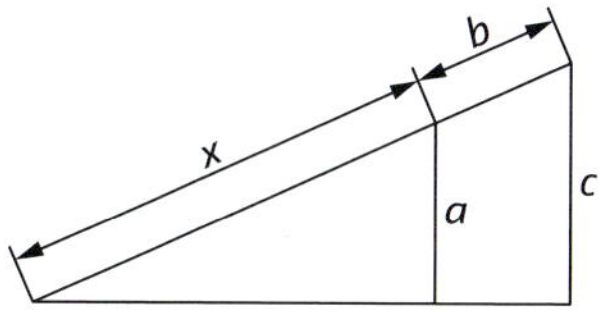

19. Ein Beet in der Form eines rechtwinkligen Dreiecks hat die in der Abbildung angegebenen Maße (in Metern). Das Beet soll durch eine Parallele zum kurzen Schenkel in zwei gleich große Flächen geteilt werden. Bestimmen Sie, wo die Grenze verlaufen muss.

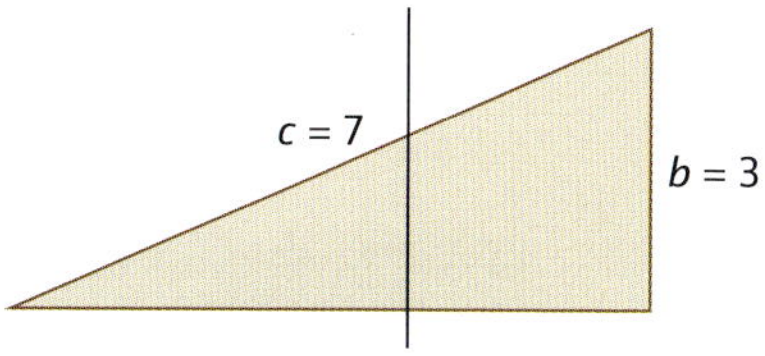

20. Ein gleichseitiges Dreieck mit der Seitenlänge a soll durch eine Parallele zu einer Seite in ein gleichseitiges Dreieck und ein Trapez zerlegt werden. Bestimmen Sie die Seitenlänge x des kleinen Dreiecks, wenn die beiden Teile flächengleich sein sollen.

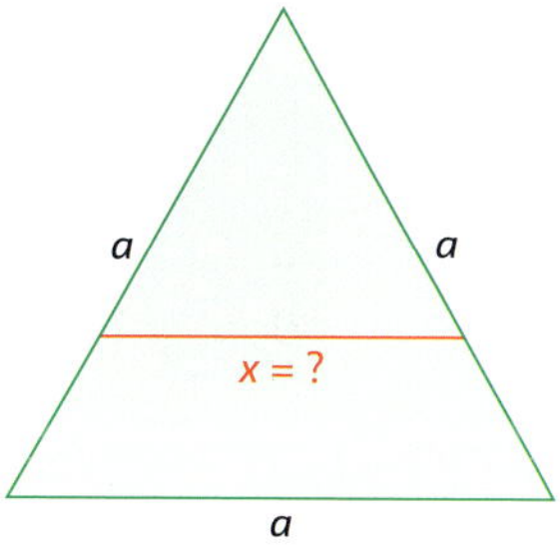

21. Das Dach eines Turmes hat die Form einer senkrechten Pyramide mit quadratischer Grundfläche. Die Grundkante ist $a = 6\,\text{m}$, die Höhe des Dachraumes $h = 8\,\text{m}$.

a) Berechnen Sie, wie groß die Dachfläche ist.
b) Berechnen Sie die Länge der Seitenkante s des Dachs.

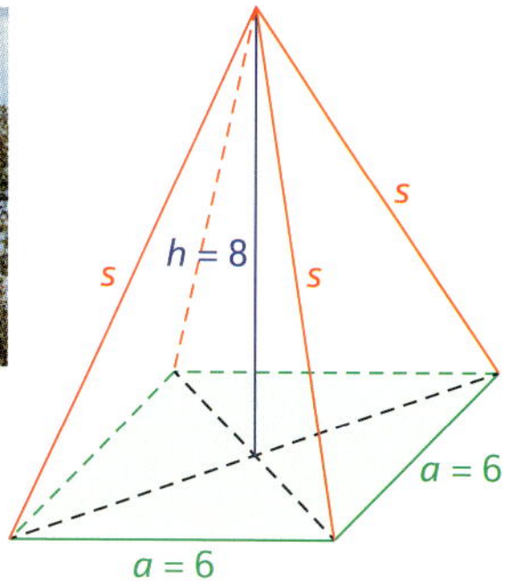

22. Für die vier Seitenflächen eines pyramidenförmigen Zeltes mit quadratischer Grundfläche benötigt man $6\,\text{m}^2$ Zeltstoff. Die Höhe h_s einer Seitenfläche (d. h. des gleichschenkligen Dreiecks) beträgt $2\,\text{m}$. Berechnen Sie die Grundfläche des Zeltes.

23. Das Dach eines Glockenturms hat die Form einer senkrechten Pyramide mit quadratischer Grundfläche. Die Grundkante ist $a = 8\,\text{m}$, die Seitenkante $s = 14\,\text{m}$ lang.

a) Berechnen Sie die Höhe des Dachs.
b) Bestimmen Sie die Größe der Dachfläche.

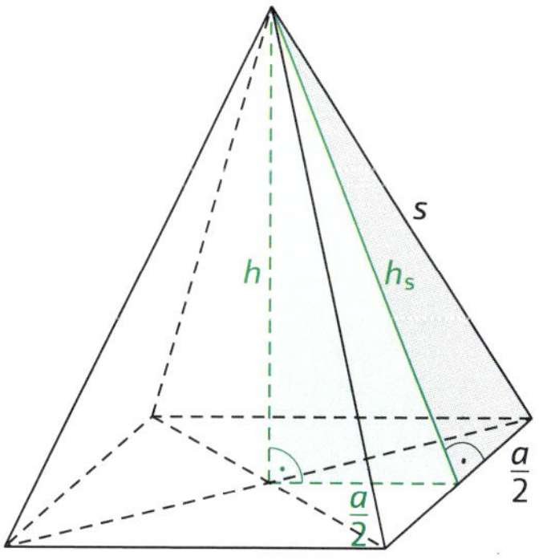

24. Die Grundfläche einer Pyramide ist ein Rechteck mit den Seiten $a = 8\,\text{cm}$ und $b = 6\,\text{cm}$. Die Spitze liegt 12 cm über der Rechtecksmitte. Berechnen Sie die Länge der Seitenkanten *s* und die Oberfläche *O* der Pyramide.

25. Auf dem Pultdach einer Scheune soll eine Solaranlage installiert werden. Die rechteckige Grundfläche der Scheune ist 12 m × 20 m groß, die Höhe beträgt 2,5 m an der niedrigen Seite und 8 m an der hohen Seite. Das Dach steht vorne und seitlich 1,5 m und an der Hinterseite 1 m über. Die Abbildung zeigt einen Querschnitt des Gebäudes. Berechnen Sie die Größe der Dachfläche, die mit Solarmodulen ausgestattet werden kann.

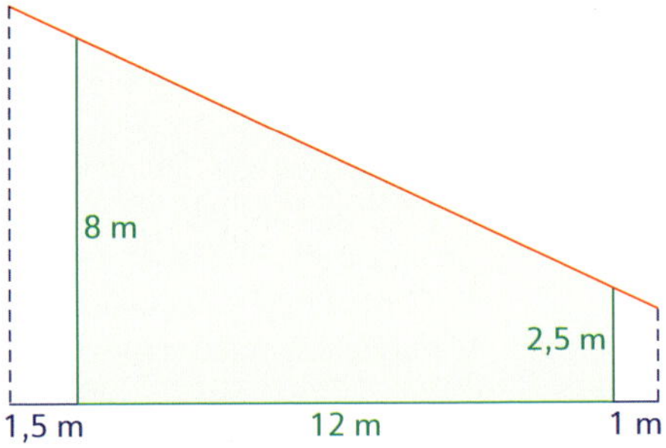

Sachwortverzeichnis

Bildquellenverzeichnis

Fotos:

Fotolia.com, New York: S. 85.1 (Björn Wylezich), 85.2 (Ttstudio), 89 (Alfonso de Tomßs), 94.2 (jhansen2), 99.1 (uzkiland), 99.2 (Fotolyse), 99.3 (Björn Wylezich), 123 (siur), 136 (uma6), 151.1 (ChiccoDodiFC), 151.2 (Glaser), 152 (AW photography), 153 (dkfotowelt)

Schöning Fotodesign, Meppen: S. 109, 110.1, 110.2

Stock.adobe.com, Dublin: S. 5 (MG), 6 (underdogstudios), 8 (Alexandr Mitiuc), 9 (outdoor-pixel), 10 (puhhha), 12 (picturemaker01), 17 (Denys Prykhodov), 22 (elenag177), 23.1 (elenag177), 23.2 (nazarovsergey), 27 (astefanei), 30.1 (zhu difeng), 30.2 (Esther Hildebrandt), 30.3 (Esther Hildebrandt), 32 (akf), 33.1 (akf), 33.2 (akf), 33.3 (akf), 33.4 (akf), 33.5 (akf), 33.6 (akf), 33.7 (akf), 33.8 (akf), 33.9 (akf), 34 (emuck), 35.1 (emuck), 35.2 (emuck), 35.3 (emuck), 36 (bluedesign), 39 (akf), 40 (kudosstudio), 41 (majoka), 42.1 (majoka), 42.2 (majoka), 42.3 (majoka), 42.4 (majoka), 43.1 (majoka), 43.2 (majoka), 43.3 (majoka), 44.1 (majoka), 44.2 (majoka), 46 (jirakit), 47 (Peter38), 48 (Tatiana Shepeleva), 49.1 (alinamd), 49.2 (Hunta), 49.3 (Gary0305), 50.1 (Tatiana Shepeleva), 50.2 (Tatiana Shepeleva9; 50.3 (Tatiana Shepeleva), 52 (Pro3DArt), 54 (bluedesign), 55.1 (majoka), 55.2 (majoka), 56.1 (majoka), 56.2 (majoka), 58 (Dmitry Rukhlenko), 59.1 (Olivier Le Moal), 59.2 (Claudia Paulussen), 59.1 (majoka), 59.2 (majoka), 59.3 (majoka), 60.1 (majoka), 60.2 (majoka), 60.3 (majoka), 62.1 (candy1812), 62.2 (Image'in), 62.3 (pixarno), 64.1 (Kalim), 64.2 (san_ta), 64.3 (samopauser), 65 (Yuriy Panyukov), 66 (filipefrazao), 67.1 (Sergey Ilin), 67.2 (Sergey Ilin), 67.3 (Sergey Ilin), 69 (Alterfalter), 70.1 (Cobja), 70.2 (matimix), 71.1 (vegefox.com), 71.2 (Sergey Ilin), 74 (pattilabelle), 75.1 (bluedesign), 75.2 (majoka), 75.3 (majoka), 76 (Peter Atkins), 78 (interklicks), 80 (franco lucato), 81 (Kzenon), 82 (Uwe Malitz), 85.3 (moahamedphoto), 86 (Sergey_Siberia88), 90 (Comofoto), 94.3 (LVDESIGN), 95 (DWP), 100.1 (Sherry Young), 100.2 (Robert Kneschke), 101 (mh90photo), 104.1 (fotohillmann), 104.2 (dieter76), 104.3 (tmfotos), 104.4 (naxaso), 104.5 (Ridvan), 106 (EdNurg), 107.1 (wavebreak3), 107.2 (Sergey), 108 (Oliver Rüttimann), 111 (Pixelot), 112.1 (mirkomedia), 112.2 (jeremyculpdesign), 112.3 (beeboys), 113.1 (Zauberhut), 113.2 (Zauberhut), 115 (Kara), 116 (Shmel), 120 (Daniel Thornberg), 121 (stockphoto mania), 124.1 (demarco), 124.2 (Jose Ignacio Soto), 125.1 (matttilda), 125.2 (akf), 125.3 (ah_foto-box), 125.4 (Claude Beaubien), 126 (Syda Productions), 128 (VILevi), 129.1 (sergojpg), 129.2 (Wolfilser), 130 (ronstik), 133 (conejota), 135 (neosiam), 139.1 (olga shapkina), 139.2 (ekkaluck), 140 (avigheia), 141.1 (Tupungato), 141.2 (schulzfoto), 144.1 (stadelpeter), 144.2 (tournee), 145 (Reinhard), 149 (Parato), 154 (Wolfgang Jargstorff)

Zeichnungen: Angelika Brauner/Bildungsverlag EINS: S. 26, 79

Umschlagfoto: stock.adobe.com (arturas kerdokas)